Bernhard Willms

Roter Sand und süße Früchte

Maria Willms erzählt

aus ihrem bewegten Leben

Dank

Herzlich danke ich meinen Kindern und meinem Bruder Gerd für ihre Ideen und Anregungen bei der Herstellung dieses Buches.

Liebe Mutter

Dieses Buch ist für dich entstanden als Dank für deine Liebe und Geduld, mit der du uns Kinder erzogen hast und immer für uns da warst.

Du lehrtest uns, dass es trotz vieler Entbehrungen und mancherlei Enttäuschungen auch schöne Momente im Leben gibt, weshalb es sich lohnt, den Blick immer wieder nach vorn zu richten.

Deine positive Lebenseinstellung auch an unsere Kinder weitergeben zu können ist uns deshalb ein besonderes Anliegen, und vielleicht trägt deine Lebensgeschichte ja dazu bei und macht allen Lesern Mut, sich den alltäglichen Herausforderungen im Leben zu stellen und auch schwere Schicksalsschläge zu überwinden.

Dein Sohn Bernhard

Bernhard Willms
bwillms@arcor.de

Herstellung und Verlag:
Books on Demand GmbH, Norderstedt
ISBN 978-3-8482-2734-1

Inhaltsverzeichnis

Autor

Bernhard Willms wurde im Jahre 1954 als drittes Kind von 11 Geschwistern in Paraguay geboren.

Bis zu seinem 16. Lebensjahr lebte er im Elternhaus in der autonomen mennonitischen Kolonie Volendam in Paraguay. Dort besuchte er auch die Schule bis zur mittleren Reife.

Danach ging er für drei Jahre in die Hauptstadt des Landes Asuncion. Dort verdiente er sich als Verkäufer von Motorrad-Ersatzteilen in einem Geschäft das Geld für die Unterkunft und den Besuch der Abendkurse an der höheren Handelsschule.

Nach dem erfolgreichen Abschluss ging er zurück in die Kolonie Volendam und arbeitete dort für zwei Jahre in der Verwaltung.

Anlässlich der Hochzeit seines ältesten Bruders Gerd kam er 1976 nach Deutschland. Schnell wurde ihm klar, dass er hier für länger bleiben

wollte. Zunächst wurde durch verwandtschaft-
liche Verbindungen Bielefeld-Senne zu seiner
neuen Heimat. Hier lernte er auch seine Frau
Marion kennen, die er im Jahre 1981 heiratete.
Bernhard Willms ist glücklicher Vater von drei
heute erwachsenen Kindern.
War er zunächst im kaufmännischen Bereich für
verschiedene Unternehmen tätig, wechselte er
zur Jahrtausendwende aus Überzeugung in die
Altenpflege. Die Betreuung pflegebedürftiger
Menschen ist für ihn seitdem Berufung und
Erfüllung zugleich.
Seine weitere große Leidenschaft ist der
Tennissport. Hierdurch ist er weit über Bielefeld
hinaus bekannt und als Experte für Schläger
und Besaitungen ein gefragter Ansprech-
partner.

Vorwort

Ich danke meinem Bruder Bernhard, dem es gelungen ist, ein langes und facettenreiches Leben unserer Mutter kurz und doch aussagekräftig zu beschreiben. Was unsere Mutter ihm erzählt hat, sind bruchstückhafte Erinnerungen, die „Berni" geordnet und in eine chronologische Form gebracht hat. Vieles, von dem, was Mama ihm anvertraut hat, habe ich, der Älteste, nie gewusst oder vergessen. Darum habe ich dieses Buch auch mit viel Neugierde und Interesse gelesen. Vor allem aber mit viel Freude. Hier und da habe ich mich gefragt, warum ich so wenig von dem gewusst habe, was unsere Mutter erlebt hat.

Dem Leser wird in diesem Buch ein kurzer Überblick über die gesellschaftlichen und politischen Ereignisse seit dem Geburtsjahr unserer Mutter geboten. Besonders wertvoll sind die vielen Details aus ihrem persönlichen

Erleben. Dabei wird auch offenbar, was unsere Mutter gedacht hat, und woher sie immer wieder die Kraft nahm, aus heutiger Sicht unvorstellbare Schwierigkeiten zu meistern.

„Roter Sand und süße Früchte" ist ein Buch, das Mut macht, die schönen Seiten des Lebens immer wieder neu bewusst wahrzunehmen. Unsere Mutter sagt es rückblickend so: „Sehr schwere Zeiten mit Entbehrungen, aber auch schöne Momente offenbarten sich mir." (S. 101) Und so konnte sie trotz aller Widrigkeiten im Leben immer wieder sagen: „… eine schöne Sache."

Gerd Willms
Bubendorf/Schweiz, im Sommer 2012

Einleitung

Dies ist die Geschichte meiner Mutter Maria Willms. Sie wurde am 26.05.1930 in Russland geboren. Ihr Geburtsort Osterwick liegt in der Altkolonie Chortiza in der Ukraine in der Nähe der großen Stadt Saporishja.

Ihre Vorfahren gehörten zu den Mennoniten[1], die Ende des 18. Jahrhunderts von Preußen nach Russland auswanderten.

Bedingt durch die erste Teilung Polens im Jahr 1772, kamen die an der Weichsel lebenden Mennoniten unter den Preußischen Staat. Der schränkte eine weitere Ausbreitung dieser Glaubensgemeinschaft drastisch ein. Deshalb wanderten viele Mennoniten nach Russland aus, denn die russische Zarin Katharina II. (1762–1796) lockte sie ins Land, indem sie ihnen eine Reihe von Privilegien versprach. In dem Einladungsmanifest der russischen Zarin

---

[1] Mennoniten sind eine Glaubensgemeinschaft aus der Reformationszeit im 16. Jahrhundert.

vom 22. Juli 1763 wurden den Mennoniten folgende Privilegien zugesichert:

Religionsfreiheit, Befreiung vom Militärdienst, Selbstverwaltung auf lokaler Ebene mit Deutsch als Hauptsprache, eine finanzielle Starthilfe und garantierte Steuerfreiheit für 30 Jahre.

Doch die Mennoniten mussten im Laufe der Zeit auf immer mehr Privilegien verzichten.

Unterdrückung, Verfolgung und Entziehung der Religionsfreiheit waren die Folge. Auch wurden sie in die Kriege mit einbezogen.

In den Dürrejahren 1921-1923 starben viele von ihnen infolge der Hungersnot.

Durch den Einmarsch der deutschen Wehrmacht 1941 in die Sowjetunion wurden die in der Ukraine sesshaften Deutschen von der von Josef Stalin protegierten Schreckensherrschaft befreit und unter deutsche Verwaltung gestellt.

Die deutschen Besatzer ermöglichten. dass ab 1943 tausende Mennoniten aus Russland in den Westen fliehen konnten. Ein Großteil wurde jedoch wieder von den Russen gefasst und anschließend nach Sibirien verbannt. Hier mussten sie unter schlimmsten Lager- und Arbeitsbedingungen Zwangsarbeit verrichten. Durch die schwere Arbeit, Misshandlung, Kälte und Hunger fanden wiederum Tausende den Tod.

Meiner Mutter und einem Teil ihrer Familie gelang jedoch unter dramatischen Bedingungen die Flucht nach Deutschland.

Aber auch Deutschland war in jener Zeit durch die Aktivitäten des russischen Geheimdienstes, der weiterhin seine ehemaligen Staatsbürger aufzuspüren versuchte, ein unsicheres Pflaster für Mennoniten und blieb deshalb nur eine kurze Zwischenstation.

Ihren weiteren Lebensweg erzählt sie uns in den folgenden Kapiteln.

Gute Unterhaltung wünscht Ihnen nun

Ihr Bernhard Willms

Russland ade!

Die Lebensverhältnisse in Russland, wo schon meine Vorfahren seit 1789 beheimatet waren, hatten sich so verschlechtert, dass wir das Land unbedingt verlassen wollten.

Nach dem Einmarsch der deutschen Wehrmacht 1941 in Russland wurden viele der hier lebenden Mennoniten unter deutsche Verwaltung gestellt. Das war zunächst eine Befreiung von Stalins Schreckensherrschaft. Durch diesen Wandel ergab sich 1943 auch für uns die Möglichkeit, im Herbst aus Russland zu fliehen.

Zu meiner Familie gehörten die Eltern Bernhard und Agatha Derksen, meine Schwestern Katharina und Agathe sowie der jüngste Bruder Heinrich und ich. Meine zwei älteren Brüder, Bernhard und Abraham, waren bereits zum russischen Militärdienst eingezogen und mussten gegen die deutsche Wehrmacht kämpfen.

Ausgestattet nur mit dem allernötigsten Hab und Gut, erfolgte die Flucht zunächst auf Pferdewagen und später mit dem Zug. Tagelang hatten wir gegen schier unüberwindbare Hindernisse zu kämpfen. Überall lauerte die Gefahr, in eine Kampfhandlung verwickelt zu werden. Die russischen Tiefflieger- und Panzerangriffe haben wir mit viel Glück und dank deutschem Begleitschutz überstanden. Die Russen setzten nämlich alles daran, uns Flüchtlinge zu fassen und zurück in die alte Heimat oder nach Sibirien zu schicken.

Trotzdem gelang uns unter diesen dramatischen Umständen die Flucht in den Westen, bis nach Deutschland.

Aber schon kurz nach unserer Einreise folgte eine böse Überraschung, denn mein Vater und mein Bruder Heinrich wurden jetzt von der Wehrmacht zum Militärdienst verpflichtet und mussten an der Ostfront gegen Russland kämpfen. Nun befanden sich alle männlichen Familienangehörigen auf verschiedenen Seiten im Zweiten Weltkrieg, denn die älteren beiden Söhne waren ja schon von den Russen an die Front geschickt worden.

Meine ältere Schwester Agathe lernte schon nach kurzer Zeit in Deutschland einen belgischen Soldaten kennen und zog nach der Hochzeit mit ihm nach Belgien. Katharina fand ihr Glück in Koblenz, wo sie einen Musiker heiratete.

Meine Mutter und ich zogen nach Dillingen an der Donau, weil sich dort bereits eine größere mennonitische Glaubensgemeinschaft gebildet hatte. Ich war damals gerade 14 Jahre alt geworden.

In Dillingen bezogen wir eine möblierte Mietwohnung. Sie war zwar klein im Vergleich zu dem, was wir in Russland besessen hatten, aber sie war zweckmäßig eingerichtet und in

den strengen Wintermonaten angenehm warm.
Schon nach kurzer Zeit fand ich eine Stelle als
Dienstmädchen bei einer netten Familie im Ort.
Neben den üblichen Hausarbeiten durfte ich
mich um die zwei kleinen Kinder kümmern, die
zur Familie gehörten. Ich habe die Arbeit gerne
gemacht und war mächtig stolz, dass ich als
14-jähriges Mädchen schon etwas Geld
verdienen konnte. Das gab ich natürlich bei
meiner Mutter ab, die es dringend für unseren
Lebensunterhalt benötigte, denn was meine
Mutter in Heimarbeit durch Näh- und Strick-
arbeiten verdiente, reichte nicht zum Leben.
Zunächst waren wir in Dillingen jetzt endlich zur
Ruhe gekommen, aber die Sorgen blieben: Wo
war der Vater, wo die Brüder? Kommen sie heil
aus dem Krieg zurück? Wie sah unsere Zukunft
aus? Erst nach einiger Zeit in Deutschland
wurde mir bewusst, was wir für eine Odyssee
hinter uns hatten.

War das Leben in Russland in den letzten Jahren wegen der vom politischen System gewollten Diskriminierungen auch sehr schwer gewesen, so ist es doch unsere Heimat gewesen, wo ich meine Kindheit verbracht hatte. Ich musste immer wieder an unser Haus in Osterwick, Kolonie Chortiza, denken. Es lag in einem kleinen Tal, etwas abseits der Hauptstraße. Die kleine Mulde neben unserem Haus verwandelte sich bei starken Regenfällen in einen Swimmingpool. Das war für uns Kinder immer die willkommene Gelegenheit zum Plantschen und Spielen, denn ein Schwimmbad gab es ja in Osterwick nicht.

Hinter unserem Haus stand eine Schaukel im Obstgarten. An jedem schönen Tag habe ich darauf gesessen und Lieder in deutscher und russischer Sprache gesungen!

Ich erinnerte mich auch daran, als meine Mutter aus der Zeit der im ganzen Land herrschenden großen Hungersnot erzählte, und dass sie damals oft nicht wusste, was sie uns Kindern zu essen geben sollte. Und auch daran, wie die Brüder im Garten nach Nüssen vom Vorjahr gruben, um etwas Essbares zu finden.

Eines Abends, wir lebten schon seit einiger Zeit in Dillingen, sagte meine Mutter zu mir: „Liebe Maria, ich merke, dass dich etwas sehr bedrückt. Möchtest du mit mir darüber sprechen?“

Ich schaute sie traurig an und antwortete: „Es ist alles so anders geworden. Erst haben die Russen meine Brüder Bernhard und Abraham zum Kriegsdienst geholt. Dann die schreckliche Flucht, wo so viele Menschen auf der Strecke geblieben sind. Nun kämpfen Papa und Heinrich an der Front.“ Ich machte eine Pause, weil ich kaum noch weitersprechen konnte vor innerem Schmerz, und unter Tränen schluchzte ich: „Vielleicht kämpfen Sie sogar gegeneinander.“

Als ich mich beruhigt hatte, stellte ich die Frage, die mich so sehr beschäftigte: „Mama, glaubst du, dass es einen Gott gibt?" „Maria", antwortete meine Mutter, „es gibt einen, denn er hat uns bis jetzt beschützt und bis hierher geführt."

Sie machte eine kleine Pause und sagte mit sanfter Stimme: „Wir können und müssen nicht alles verstehen, was Gott macht. Aber wir dürfen nicht aufhören, für alles dankbar zu sein."

Sie setzte sich auf einen Stuhl, zog mich zu sich heran und sagte: „Wir wollen ihm jetzt dafür danken, dass er uns bisher in all dem Elend beigestanden hat." Sie dankte Gott für Bewahrung und Beistand in all den schlimmen Zeiten. Und sie betete auch für meinen Vater und meine Brüder an der Front.

Es war schon eine ganze Weile her, dass meine Mutter mit mir gemeinsam gebetet hatte! Dieses Gebet ging mir sehr zu Herzen. Aber ich fühlte mich danach besser, und mir wurde es wichtig, dass ich das Danken nicht vergessen durfte. Ich nahm mir außerdem vor, den Blick nach vorne zu richten und zu helfen, wo immer es möglich war.

Ab 1946 häuften sich die Gerüchte, dass russische Geheimagenten sogar auf deutschem Boden immer noch nach Flüchtlingen fahndeten, um sie zurück nach Russland zu holen. Uns wurde klar, dass wir in Deutschland keinesfalls in Sicherheit waren und deshalb hier nicht für immer bleiben konnten. Außerdem wussten wir auch nicht, was mit den anderen Familienmitgliedern passiert war. Der Krieg war doch längst zu Ende und wir hatten noch kein Lebenszeichen von ihnen erhalten. Waren sie überhaupt noch am Leben? Lagen sie vielleicht irgendwo verwundet in einem Lazarett oder waren in Gefangenschaft geraten? Oft saßen wir zusammen und machten uns unsere Sorgen und Gedanken über das Schicksal unserer

Angehörigen. Aber dann geschah eines Abends etwas Wunderbares!

Wir wollten gerade zu Bett gehen, als es an unserer Wohnungstür klingelte. Und nach dem Öffnen stand er plötzlich vor uns – der Vater. Nie werde ich die Reaktion meiner Mutter vergessen. Sie war außer sich vor Freude, lachte, weinte, umarmte ihn – und dankte Gott.

Doch dann kam die unvermeidliche bange Frage an meinen Vater: „Wo sind denn unsere Söhne?" Mutters Blick war voller Angst und Sorge. Mein Vater räusperte sich und sagte mit gebrochener Stimme: „Ich habe Heinrich nie wieder gesehen. Habt ihr denn auch nichts von ihm und von den Brüdern in Russland gehört?" Eine sehr bedrückte Stimmung breitete sich aus: „Nein, leider nein", stotterte meine Mutter.

Ein beklemmendes Gefühl drohte mich zu ersticken. Ich war kaum noch in der Lage, klar zu denken. Nie im Leben hätte ich damit gerechnet, meine Brüder nicht mehr zu sehen.

„Papa, du bist doch mit Heinrich zusammen abgeholt worden. Warum ist er denn jetzt nicht mit dir zurück zu uns nach Hause gekommen?

„Ja, das stimmt, wir wurden zusammen eingezogen, aber unsere Wege haben sich schon bald getrennt. So habe ich ihn aus den Augen verloren." Nach einer kurzen Pause versuchte er sich selbst und uns zu trösten: „Wir dürfen jetzt nicht den Mut verlieren. Wir müssen und wollen daran glauben, dass alle Brüder zu uns zurückkehren werden."

Ihm fiel das Sprechen sichtlich schwer. Er nahm mich tröstend in seine Arme und hielt mich ganz fest. Ich konnte meine Tränen nicht länger zurückhalten und fing leise an zu weinen.

Wir saßen noch einige Zeit zusammen, ohne viel zu reden. Dann erhob sich meine Mutter und sagte leise: „Am Besten ist es, wenn wir jetzt alle schlafen gehen. Vielleicht gibt es morgen früh schon bessere Neuigkeiten für alle."

Die Ahnung, dass unsere Reise hier noch nicht zu Ende war, wurde bald bestätigt. Auch uns erreichte eine Nachricht, dass es gutgesinnte Mitbürger gab, die uns Flüchtlinge aufsuchten. Es waren die Mitarbeiter des Mennonitischen Zentral-Komitees (MCC). Uns sollte die Möglichkeit gegeben werden, auszuwandern.

Unschätzbar groß sind die Verdienste, die der mennonitische Pfarrer Peter Dyck mit seiner Ehefrau Elfrieda in dieser schweren Zeit für uns Flüchtlinge geleistet hat.

Peter Dyck wurde im Jahre 1914 in der Wolga-Kolonie „Am Trakt" in der Sowjetunion geboren. Er erlebte die Wirren und Gräuel des russischen Bürgerkrieges und überlebte nur knapp die große Hungersnot 1921. Bereits in frühester Jugend lernte er die Aktivitäten des nordamerikanischen MCCs in Russland kennen. Durch die Unterstützung des Mennonitischen Zentral-Komitees und der Deutschen Reichsregierung konnte er mit seiner Familie im Jahre 1927 aus der Sowjetunion nach Kanada ausreisen. Hier absolvierte er ein College-Studium und besuchte mehrere Bibelschulen. Er wurde Prediger in einer mennonitischen Gemeinde in Ontario. 1941 trat er in den Dienst des MCC, dem er bis zu seinem Tode treu blieb. Zunächst wurde er in Großbritannien für das MCC tätig, wo er auch seine Frau Elfrieda kennenlernte. Sie arbeitete dort als MCC-Krankenschwester.

Nach dem Ende des Zweiten Weltkrieges übernahm das junge Ehepaar im Auftrag des MCC den Betreuungsdienst für russische Flüchtlinge.

Die Repräsentanten des MCC in Europa führten Verhandlungen mit verschiedenen Ländern, mit der Bitte, uns Flüchtlinge aufzunehmen. Wichtige Kooperationspartner waren hierbei vor

allem die westlichen Alliierten und das Flücht-
lingshilfswerk der Vereinten Nationen UNRRA.
Zunächst hatte man Kanada für uns als neue
Heimat ausgesucht. Das gelang allerdings
nicht, waren es doch mittlerweile zu viele, die
dorthin ausgewandert waren. Auch die Länder
USA und Mexiko waren nicht mehr bereit, noch
mehr Flüchtlinge aufzunehmen. Man einigte
sich mit Uruguay und Paraguay in Südamerika.
In den Jahren 1947 und 1948 organisierte das
Ehepaar Dyck die Überfahrt für insgesamt 4000
aus der Sowjetunion geflüchtete Mennoniten
nach Südamerika.
Wir erfuhren kurze Zeit später, dass wir nach
Paraguay ausreisen würden. Das war damals
für uns ein völlig unbekanntes Land! Niemand
konnte ahnen, was uns da erwartete, schon gar
nicht welche Temperaturen dort herrschten, die
uns das Leben zusätzlich schwer machen
sollten. Aber was zählte das schon, wir freuten

uns über die große Chance, den russischen Häschern entkommen zu können. In Paraguay sollten wir auch wieder die alten Privilegien wie eine autonome Verwaltung, Religionsfreiheit und Befreiung vom Militärdienst bekommen.

Paraguay liegt im Herzen von Südamerika, ist etwa so groß wie Deutschland und hat ca. 6,5 Mio. Einwohner

Aufbruch nach Südamerika

Am 1. Februar 1947 ging das holländische Frachtschiff Volendam von Bremerhaven aus auf Kurs nach Südamerika. Es wurde später von den Flüchtlingen „Volendam 1" genannt, weil es im Jahre 1948 eine zweite Fahrt gab, die dann als „Volendam 2" benannt wurde. Meine Familie und ich konnten erst mit der „Volendam 2" abreisen.

T.S.S. VOLENDAM. 15434 Tons Register · 25400 Tons Displacement.

Die „Volendam 1" hatte 2303 mennonitische Flüchtlinge an Bord. Davon kamen 1375 aus München und 928 aus Berlin. Die „Berliner" hatten zunächst massive Schwierigkeiten mit der Genehmigung des Transportes von Berlin nach Bremerhaven. Die, die schon auf dem Schiff waren, versammelten sich sofort, um Gebetsstunden abzuhalten. Gott erhörte die Gebete, und so konnten sie schließlich doch alle gemeinsam nach Paraguay auswandern.

Im Herbst 1948 hatte das MCC erneut eine Gruppe von mennonitischen Flüchtlingen zusammengestellt und die Ausreise nach Südamerika organisiert.

Unser Schiff war die „Volendam 2" und stach am 7. Okt. 1948 ebenfalls von Bremerhaven aus in See gen Montevideo/Buenos Aires.

Wir waren 1693 Passagiere an Bord. Davon waren 827 mennonitische Flüchtlinge, die aus Russland stammten. Zu dieser Gruppe gehörten auch wir. Unsere Reise sollte bis nach Paraguay gehen. Außerdem waren 751 Mennoniten aus Westpreußen und Galizien an Bord. Ihr Ziel war Uruguay. Die restlichen 115 waren keine Mennoniten. Sie gingen zu den Hutterern nach Paraguay.

Über einen schmalen Laufsteg gelangten wir vom Ufer aus auf das Schiff. Die wenigen Sachen, die wir noch hatten und mitnehmen konnten, waren zu einem Bündel verschnürt. Da es sich bei der Volendam um ein Frachtschiff handelte, gab es natürlich nicht genug Kabinen für so viele Leute. Uns wurde ein großer Raum zugewiesen. Dort schliefen wir, gleichzeitig diente er auch als Speisesaal. Die aufgespannten Hängematten waren besonders bei den Kindern sehr beliebt. Vom ersten Tag an wurden Dankgottesdienste abgehalten. Die gläubigen Menschen priesen Gott und dankten von Herzen für ihre Rettung.

Für mich war alles so neu und unglaublich aufregend, ich war ja noch nie auf einem Schiff gewesen. Ich wünschte mir eine Freundin, mit der ich all das Neue hätte erkunden können. Aber auch mit meinen Eltern machte es Spaß, an die Reling zu gehen, um die Wellen zu beobachten, die das riesige Schiff aufwirbelte. Immer wieder konnten wir große Fischschwärme sehen, die das Schiff begleiteten und sicher erwarteten, etwas Fressbares abzubekommen. Ich staunte über die schier unendliche Weite des Meeres. Um uns herum nichts als Wasser!

Ich genoss diese erlebnisreiche Fahrt. Wir bekamen leckere Speisen und konnten uns satt essen. Die Besatzung behandelte uns freundlich und zuvorkommend. Und wir fühlten uns sicher. Endlich mussten wir keine Angst mehr vor den Russen haben. Mit dem großen Schiff übers ruhige Meer zu gleiten, erlebte ich als puren Luxus, nach all dem, was wir bisher auf unserer Flucht erlebt hatten. Aber einigen Passagieren ging es nicht so gut wie mir. Sie wurden seekrank und klagten über Übelkeit und Appetitlosigkeit.

Natürlich mussten wir auf dem Schiff auch verschiedene Dienste verrichten: so zum Beispiel Tische decken, schmutziges Geschirr abräumen und die kleineren Kinder hüten. Aber das war überhaupt kein Problem für mich, denn Arbeit hatte schon immer zu meinem Leben gehört. Nach wenigen Tagen gelangten wir zu den Kanarischen Inseln. Was sich da abspielte, fand ich höchst interessant und aufregend. Kaum hatten wir dort angelegt, bestürmten uns die Einheimischen und boten uns Bananen und Orangen zum Kauf an. Früchte, die ich bis dahin gar nicht kannte. Nur gut, dass meine Eltern noch etwas Geld in der Tasche hatten. So konnten wir ein paar dieser wohlriechenden Früchte kaufen. Sie waren richtig lecker. So langsam begann ich, mich ernsthaft für Paraguay zu interessieren. Ich malte mir aus, wie ich selbst Bananen und Orangen vom eigenen Baum pflücken würde. Aber wuchsen diese süßen Früchte auch in unserer neuen Heimat? Am 27. Oktober 1948 kamen wir im Hafen von Montevideo in Uruguay an. Dort verließen uns die 751 Passagiere, die in Uruguay siedeln würden. Nur einen Tag später, am 28. Oktober 1948, gelangten wir zum Hafen von Buenos

Aires in Argentinien. Von hier aus schipperten wir dann auf kleineren Flussschiffen auf dem Rio Parana weiter in Richtung Paraguay. Auf diesen Schiffen hatten nur etwa 350 Personen Platz.

Die fremde Flora beeindruckte mich gewaltig. Meine Begeisterung für den neuen Kontinent und das neue Land wuchs von Tag zu Tag. Ja, ich begann mich auf unsere neue Heimat zu freuen. Je mehr ich von dem neuen Land sah, umso größer wurde meine Vorfreude.

Das Schiff fuhr vorbei an dichten Wäldern, aus denen Bäume mit hohen Kronen emporragten. Auf den Ästen saßen Vögel, die ich noch nie gesehen hatte. Besonders die kleinen grünen Papageien und die großen bunt gefiederten Aras taten es mir an. Ich konnte mich nicht satt sehen. Wir fuhren auch an unermesslich weiten Steppen und Weiden vorbei, auf denen riesige Rinder- und Pferdeherden grasten. Zwischenzeitlich vergaßen wir völlig, dass wir eigentlich Flüchtlinge auf dem Weg in eine ungewisse Zukunft waren, so fasziniert waren wir von der fremdartigen Landschaft.

Auf dem Rio Paraguay schipperten wir an der Hauptstadt Asuncion vorbei und erreichten nach einigen Tagen endlich unseren Zielhafen Puerto Rosario im Verwaltungsbezirk San Pedro. Von dort aus sollte es dann über Land auf die letzte Etappe bis zu „unserer Kolonie“ weitergehen, und wir sollten nach einer langen Schiffsreise endlich wieder Land unter unsere Füße bekommen.

Die Kolonie Volendam war bereits im Jahre 1947 von den ersten Flüchtlingen gegründet worden. Das Land hatte man von der „Territorial Sudamericana“ gekauft. Gelegen am Ufer des Paraguayflusses, bot es gute Voraussetzungen für eine erfolgreiche Landwirtschaft und Vieh-zucht. Die Hochebenen waren von Urwald bedeckt, und die Niederungen eigneten sich ideal als Weideland.

Die Fahrt ging ganz langsam voran. Es gab nur eine einzige schmale Landstraße, die nach Volendam führte. Die Strecke war schwierig zu bewältigen. Mal fuhren wir in tiefe Sandstellen, wo die Tiere den Wagen kaum ziehen konnten, dann drohten wieder tiefe Löcher in der Straße, unseren Wagen umzukippen. In solchen Situationen packte uns doch die Angst. Ein böser Unfall so kurz vor dem Ziel war das Letzte, was

Die letzten 30 km von Rosario bis nach Volendam legten wir auf Pferdewagen zurück

wir uns nach den Strapazen wünschten. Wenn die Fahrt ruhiger wurde, konnten wir uns wieder auf die schöne wilde Landschaft konzentrieren. Riesige Bäume und unglaublich viele Palmen der verschiedensten Sorten bekamen wir zu Gesicht. Dazu die große Anzahl verschiedener Vögel, die mal ruhig auf den Bäumen sitzen blieben, dann aber auch wieder mit so einem lauten Getöse in die Luft flatterten, dass wir uns richtig erschreckten.

Immer wieder begegneten wir Paraguayos, die uns mit ihren Ochsenkarren oder Pferdewagen entgegenkamen. Jetzt musste ein Fahrzeug an der Seite der Straße anhalten, damit der entgegenkommende Wagen vorbeifahren konnte. Alles war so anders, aufregend und interessant. Die Zugtiere der Einheimischen sahen sehr abgemagert aus. Die Wagen drohten auch jeden Moment auseinanderzufallen. Ein gleichmäßiges, eintöniges Quietschen deutete darauf hin, dass die Radlager schon lange kein Fett mehr gesehen hatten. Sie wurden mit einer Ruhe und einer Langsamkeit gezogen, die wir bis dahin nicht kannten. „Tranquilo, Tranquilo" (langsam, langsam) sind allgegenwärtige Aussprüche in Paraguay, wie wir sie später noch zu Genüge hören sollten.

Und was alles auf diesen Gefährten transportiert wurde, beeindruckte mich doch sehr! Hühner, Gänse, Schweine: alles wurde mitgenommen. Oftmals saß dazu noch die ganze Familie mit auf den Wagen.

Aber auffallend nett und freundlich waren die Einheimischen. Immer wieder hörte man ein „Adios, Adios", was so viel heißt wie „Grüß Gott".

Die Luft war schwül und drückend. Gut, dass wir uns für die letzte Etappe vom Hafen reichlich zu trinken mitgenommen hatten. Auch die Tiere mussten immer wieder getränkt werden. Dafür fuhren wir einfach an den Straßenrand an eine Stelle, wo sich eine Wasseransammlung oder ein Rinnsal befand. Dort konnten die Pferde dann reichlich trinken. Unsere Reise endete zunächst im Dorf Nr. 1, „Schönwalde". Endlich dort angekommen, wurden wir nach der freudigen Begrüßung in einem großen, einfachen Haus untergebracht. Die vielen neuen Eindrücke in diesem Land waren überwältigend. Aber ich hatte auch Angst und fühlte tiefe Verunsicherung. Würde ich mich hier wirklich wohl fühlen, Freunde haben, eine neue Heimat finden? Der Gedanke an unser altes „Zuhause" in Osterwick machte mich traurig und wehmütig, und ich ahnte, dass ich nie mehr an den Ort zurückkehren sollte, an dem, trotz allem, mein Herz noch hing. Doch die tröstenden Worte meiner Eltern ließen mich immer wieder den inneren Schmerz ertragen. Nach den ganzen Strapazen, seit der Flucht aus Russland, strahlten sie eine Zuversicht aus, die sie auch mir zu vermitteln versuchten. Wir merkten außerdem, dass die neuen Siedler untereinander einen Zusammenhalt entwickelten, der ihnen enorme Kräfte verlieh. Eine nicht selbstverständliche Sache, kannten sich die meisten Siedler ja nicht aus der alten Heimat. Jetzt waren sie motiviert und bereit, mit vollem Einsatz und Gottvertrauen ihr neues Zuhause zu errichten.

Beschauliches Leben in der alten russischen Heimat

Neubeginn in der Kolonie Volendam

Die ersten Ankömmlinge hatten sich auf den Namen „Volendam", geeinigt. Dies zu Ehren des Schiffes, das die Flüchtlinge auf so wunderbare Weise von Europa nach Südamerika gebracht hatte. Auch wollte man der Schiffsbesatzung damit Anerkennung zollen für die vorzügliche Behandlung der Passagiere.

Die Kolonie wurde zugleich in Dörfer aufgeteilt. Es waren anfänglich 16 geplant, doch das Dorf Nr. 14 wurde nicht mehr gegründet, da die Siedler sich auf die anderen Dörfer verteilten. Jedes Dorf hatte eine Nummer und einen Namen: Das erste Dorf erhielt die Nummer 1, das letzte die Nummer 16. Unser Grundstück befand sich in Dorf Nr. 13 mit dem bedeutungsvollen Namen „Kirchheim".

Von Dorf Nummer 1 führte ein acht Kilometer langer, schmaler Landweg zum Dorf Nummer 13. Diese Strecke mussten meine Eltern und ich in der Anfangszeit jeden Tag zweimal zu Fuß zurücklegen.

Jede Siedlerfamilie war für die Bebauung ihrer Parzelle verantwortlich. Morgens ging es in aller Frühe los. Den ganzen Tag waren wir dann mit dem Bau unseres Hauses beschäftigt. Am späten Nachmittag wanderten wir den Weg dann wieder zurück. Nach dem Abendessen blieb nicht mehr viel Zeit, um den Feierabend zu genießen. Zudem waren wir körperlich total erledigt. Oft bin ich nach dem Abendessen sofort in mein Bett gefallen und eingeschlafen. Meine Mutter hatte oft ihre liebe Mühe, mich morgens wach zu kriegen.

Nie werde ich den Tag vergessen, an dem sich plötzlich eine Schlange um mein Bein gewickelt hatte. Wir hatten auf dem „Bau" Feierabend gemacht, und nachdem wir Werkzeug und Material zusammengeräumt hatten, begaben wir uns auf den Nachhauseweg. Es fing schon an zu dämmern, als ich unterwegs plötzlich ein feuchtes Gefühl an meinem rechten Bein verspürte. Der unerwartete Anblick einer Schlange entlockte mir einen lauten Aufschrei. Mein Vater kam rasch zur Hilfe und befreite mich von dem Reptil. Die Schlange wurde sofort und mitleidslos nach paraguayischer Art erschlagen. Die anderen Siedler bekamen die Aufregung natürlich mit und fragten besorgt, ob die Schlange zugebissen hat. Diese Frage hörte ich immer wieder, aber eine gründliche Untersuchung ergab, dass kein Bissabdruck zu finden war.

Mein Herz raste jedoch vor Aufregung, und ich brauchte einige Zeit, bevor ich wieder weiter-gehen konnte. Nachts kamen mir die wildesten Träume. Sogar die Wirren des Krieges kamen in dieser Nacht immer wieder hoch. So war ich morgens wie gerädert. Aber ich hatte mir ja schon in Deutschland vorgenommen, den Blick nach vorne zu richten und zu helfen, wo immer ich konnte.

Nach dem Feierabend am nächsten Tag hielt ich mich immer in der Nähe meiner Eltern auf. Eine zweite Schlange ist mir aber Gott sei Dank auf diese Art und Weise nie mehr begegnet.

Der Hausbau gestaltete sich so, dass mein Vater das dafür benötigte Holz im umliegenden Wald fällte und zurechtschnitt. Wenn er Hilfe benötigte, kamen selbstverständlich die Nachbarn und packten mit an. Genauso war auch er bereit zu helfen, wo immer es nötig war.

Wir Frauen waren für die Herstellung der Ziegel verantwortlich. Dafür wurde ein großes Loch ausgehoben. In dieses Loch gaben wir den Lehm und vermischten ihn mit Schilf und Wasser. Das Ganze musste dann zu einem Brei getreten werden. Das machte überwiegend meine Mutter. Unglaublich viele Stunden hat sie in dem Loch verbracht. Den Lehm pressten wir in eine dafür zusammengezimmerte Form. Die Ziegel legten wir in die Sonne und wendeten sie so lange, bis sie trocken und fest waren. Das war überwiegend meine Aufgabe. In der brütenden Hitze dauerte es nicht allzu lange, bis die Ziegeln hart genug waren und verbaut werden konnten.

Jeder half auf seine Weise mit, damit das Haus möglichst bald fertig wurde. Auf den Einzug in unser neues Heim freuten wir uns schon alle. Im Grunde genommen war es jedoch nur ein Zimmer, das wir da errichteten. Etwas größer zwar, aber halt doch nur ein Raum. Dort wollten wir dann kochen, schlafen und wohnen. Der Bau ging relativ flott voran. Schon nach einigen Wochen konnten wir Richtfest feiern. Das Dach aus Schilf war drauf, die Holzfenster wurden eingesetzt und zum Schluss krönte eine ein-fache massive Haustür den einzigen Eingang. Die Betten zimmerte mein Vater aus dem Holz, das hier ja reichlich vorhanden war. Darauf legten wir das selbstgebaute Lattenrost und eine Matratze aus Stroh. Die waren uns aus Nordamerika gespendet worden.

In unserem kleinen Häuschen brachten wir alle unsere wenigen Habseligkeiten unter. An den Innenwänden wurden unsere Betten aufgestellt. In der Mitte entstand die große Feuerstelle zum Kochen, sie diente auch als Wärmespender.

„So, jetzt besitzen wir wieder unser eigenes

Beim Hausbau helfen auch die Nachbarn mit
(aus dem Buch Volendam 1947 - 1997)

Haus", sagte mein Vater, nicht ganz ohne Stolz. Am Abend setzte er sich mit Vorliebe auf eine Bank, die er ebenfalls selber gezimmert hatte. Sie stand direkt neben der Eingangstür. Eines Tages bat er meine Mutter und mich zu sich. Wir nahmen Platz und warteten gespannt, was er zu sagen hatte.

„Nachdem der Hausbau so weit abgeschlossen ist, wollen wir überlegen, wie wir jetzt weiter vorgehen wollen", meinte er. Das Resultat der Besprechung sah so aus, dass meine Mutter und ich uns um die Gestaltung eines Gartens kümmern sollten und er für das Ackerland zuständig war. So schnell wie möglich wollten wir einen Obst- und Gemüsegarten anlegen. Bevor wir jedoch überhaupt etwas anbauen konnten, musste der Urwald gerodet werden. Keine einfache Aufgabe für meinen Vater, der ja immerhin schon über 60 Jahre alt war. Aber er schaffte es, sein Feld freizulegen, und so konnten wir anfangen, anzupflanzen: Mais und Kafir (Kraftfutter) für das Vieh und Mandioka und Gemüse für uns Menschen.

Im Frühjahr 1949 traf eine weitere Gruppe von Mennoniten in unserer Kolonie Volendam ein. Es waren ebenfalls Flüchtlinge aus Russland, die schon mit der „Volendam 1" im Jahr 1947

Meine Eltern mit Tina und David (ca. 1918)

ausgewandert waren. Sie hatten sich zunächst im Nordwesten Paraguays, dem Gran Chaco, angesiedelt, aber weil dort die Lebensbedingunen wesentlich unwirklicher und schlechter waren, versuchten sie nun einen Neubeginn bei uns in Volendam.

Der größte Fluss des Landes, der Rio Paraguay, liegt etwa 20 km vom Zentrum Tiefenbrunn entfernt

Eugen tritt in mein Leben

Zu der Gruppe, die neu zu uns stieß, gehörte auch ein junger Mann. Der junge Herr war mit dem Schiff „Heintzelmann" von Europa nach Südamerika ausgewandert, und nun war ihm zu Ohren gekommen, dass seine Oma, seine Schwester und einige Tanten jetzt in Volendam wohnten.

Der Zufall wollte es, dass wir uns am Sonntag beim Gottesdienst gegenübersaßen. Mir fiel sofort auf, dass er schöne dunkle Haare hatte und gut gekleidet war.

Die gottesdienstlichen Veranstaltungen wurden in der Anfangszeit einfach unter einem Baum abgehalten. Später bauten die Männer in jedem Dorf ein „Gemeinschaftshaus", wo dann auch der Gottesdienst stattfand.

Nach der Predigt saßen wir immer noch eine Zeitlang zusammen. Jeder erzählte von dem, was er in der Woche erlebt hatte. Der gut aussehende Mann kam auf mich zu und stellte sich vor: „Mein Name ist Eugen“, sagte er. „Ich bin hier gestern ganz frisch angekommen, um meine Verwandten zu besuchen und um eventuell hier zu bleiben.“

„Mein Name ist Maria“, kam es mir sofort über die Lippen. „Ich wohne hier mit meinen Eltern.“

Mit meinen 19 Jahren war ich nicht abgeneigt, diesen freundlichen Mann besser kennen zu lernen, und wir verabredeten uns für den Nachmittag. Mit Stolz zeigte ich ihm unser Haus und das dazugehörige Land. Meine Eltern lernte er bei seinem Antrittsbesuch ebenfalls kennen.

Ich spürte die prüfenden Blicke meines Vaters. Sie verrieten mir seine Frage: „Ist es wohl richtig, jetzt schon einen Mann mit nach Hause zu bringen, wo doch der Aufbau des neuen Zuhauses gerade erst begonnen hat?“ Doch dann, nach einem intensiven Gespräch zwischen den beiden Männern, war mein Vater plötzlich wie verwandelt. Er schien plötzlich froh zu sein, dass evtl. noch eine männliche Kraft zu unserer Familie stieß. Meine Mutter verhielt sich währenddessen ganz neutral. Als die Männer einen kleinen Spaziergang machten, drückte sie mich kurz und sagte: „Glückwunsch Maria, doch überlege genau was du machst!"

Eugen blieb bis zum späten Nachmittag. Am frühen Abend verabschiedete er sich mit den Worten: „Jetzt muss ich mich aber doch mal bei meinen Verwandten blicken lassen."

Ich dagegen saß am Abend gespannt wie ein Flitzebogen mit meinen Eltern auf der Bank vor unserem Haus, doch die erwarteten tausend Fragen über Eugen und mich blieben aus.

Und in der Nacht hatte ich die allerschönsten Zukunftsträume: Ich sah mich mit meinem Mann und zwei Wunschkindern in einem eigenen schönen kleinen Heim wohnen. Dass aber nun das Schicksal etwas ganz anderes mit mir vor hatte, durfte ich dann im Laufe der nächsten Jahre erfahren.

Eugen und ich sahen uns ab sofort fast täglich. Ich hatte eine brennende Frage, hielt mich aber zunächst zurück. Aber bald wagte ich es, ihn danach zu fragen: „Was ist mit deinen Eltern passiert?" Bisher hatte er kein Wort über sie gesagt. Aber jetzt erzählte er mir, dass er seinen Vater nie kennen gelernt hatte. Von seiner Mutter hatte er seit den Kriegsjahren auch nichts mehr gehört.

Er konnte zu diesem Zeitpunkt nicht ahnen, dass er sie erst 30 Jahre später in der DDR wiedersehen würde.

Eugen und ich spürten schon bald, dass wir füreinander bestimmt waren. So heirateten wir noch im selben Jahr 1949. Die standesamtliche Trauung musste in unserer Nachbarkolonie Friesland durchgeführt werden. Die kirchliche Trauung fand dann bei uns in Volendam statt.

Das ganze Dorf war zu der Feier eingeladen, und jeder brachte mit, was er konnte, denn groß war die Auswahl an Geschenken damals noch nicht.

Die Trauzeremonie war sehr stimmungsvoll, und auf der anschließenden Feier herrschte eine fröhliche Atmosphäre. Wir waren glücklich! Eugen wohnte zunächst weiterhin bei seinen Tanten, aber es war klar, dass wir sobald wie möglich unser eigenes Heim haben wollten. So bauten wir ein zweites Haus, ein etwas größeres als das erste. Meine Eltern blieben in dem kleineren Haus.

Eugen war ein sehr arbeitsamer Mann. Schon bald hatte er gute, für den Ackerbau geeignete Pferde gekauft. Und auch die dazugehörigen Ackergeräte konnte er für uns anschaffen.

Das dem Urwald abgetrotzte Land musste zunächst gerodet, gepflügt und geeggt werden, um danach die Saat einpflanzen zu können.

Angepflanzt wurden Mais und Kafir. Die Produkte wurden zum größten Teil geschrotet und als Kraftfutter für das Vieh verwendet.

In der Nähe unseres Hauses pflanzten wir die Mandioka an. Es ist sozusagen die Kartoffel der Paraguayer. Die Mandioka musste schon hausnah angepflanzt werden, weil sie auch gerne mal von den Einheimischen „schwarz" geerntet und für den eigenen Verzehr gestohlen wurde.

In unserem Gemüsegarten wuchsen schon bald Tomaten, Zwiebeln, Kohl- und Kräutersorten, die unseren Speiseplan bereicherten.

Mächtig stolz waren wir auf unsere erste Milchkuh. Das Melken war selbstverständlich Frauensache. Ich habe meinen Eugen nie melken sehen, aber er hatte ja mit der Landwirtschaft auch genug zu tun.

So hatten wir immer reichlich Arbeit, und es kam nie Langeweile auf. Unsere Tätigkeit erfüllte uns mit Stolz und großer Freude, bauten wir uns ja nach und nach eine neue Existenz auf. Am Abend waren wir von der Arbeit oftmals richtig geschafft. Dann saßen wir vor unserem Haus auf der Bank und sprachen über die Vergangenheit. Ich habe mich oft gefragt, was wohl aus meinen Brüdern geworden ist. Die angestellten Nachforschungen, die sich als sehr schwierig erwiesen, brachten keine Ergebnisse. Ich habe leider nie mehr etwas von meinen Brüdern gehört.

Doch nicht für alle Siedler wurde Paraguay die erhoffte neue Heimat. Die körperlich schwere Arbeit und immer wieder durch Dürreperioden verursachte Missernten veranlassten viele Siedler, die Kolonie wieder zu verlassen. Sie versuchten dann erneut ihr Glück in Kanada, Deutschland, Argentinien oder Brasilien. Dort wurden sie meistens zunächst von Verwandten und Freunden aufgenommen und unterstützt, bis sie wieder auf eigenen Füßen stehen konnten. Von den anfänglich 1913 Personen blieben in den Jahren von 1950 bis 1960 nur noch 620 zum Großteil verarmte Siedler übrig. Von vielen Leuten wurde der Kolonie Volendam daraufhin eine düstere Zukunft prognostiziert. Manche glaubten ernsthaft, dass die Kolonie sich auflösen würde. Doch die, die blieben, besannen sich, im tiefen Glauben und Gottvertrauen, auf ihren Wahlspruch, der da heißt: „Einen anderen Grund kann niemand legen, außer dem, der gelegt ist, welcher ist Jesus Christus". Die Menschen aber glaubten an sich und schafften mit Gottes Hilfe unbeirrt weiter – und ihr Durchhaltevermögen wurde be- lohnt.

In den 1960er Jahren kam es tatsächlich zu einem neuen Aufschwung. Die Regierung des Landes Paraguay verabschiedete verschiedene Wirtschaftsprogramme, um den Landwirten unter die Arme zu greifen. Speziell der

Weizenanbau wurde gefördert, und es gab wieder zinsgünstige Kredite. Die Siedler schöpften sofort neuen Mut und nutzten die Gelegenheit, um voranzukommen.

Es hatte sich also gelohnt, dass viele Siedler nicht den Mut verloren hatten. Schon bald wurden riesige Felder bestellt. Traktoren konnten angeschafft werden. Sie ersetzten die Pferde und Ochsen zum größten Teil und brachten somit erhebliche Zeitersparnis und Effektivität. Anfänglich wurde überwiegend Weizen angepflanzt, dann kam die Sojabohne dazu. Die Produktion von Soja übertraf schon bald die des Weizens.

Im Verlauf der Zeit wurde auch die Viehzucht immer mehr gefördert. Große Landteile, die sich für den Ackerbau nicht eigneten, wurden zu Viehweiden eingezäunt. Die Rinder wurden in der eigenen Metzgerei der Kolonie ge-schlachtet und verarbeitet. Auch konnten die

Tiere gut ins Ausland, zum Beispiel nach Brasilien, verkauft werden. Dadurch hatte man die Einnahmen wesentlich verbessert.

Es ging zwar bergauf in der Kolonie, es wäre allerdings übertrieben, hier jetzt schon von Wohlstand zu sprechen. Jedoch ließen es die steigenden Erträge zu, dass neue Landmaschinen gekauft werden konnten. Es wurde die Infrastruktur in den Dörfern verbessert und neue, größere Häuser wurden gebaut. War man bis dahin froh über ein eigenes Fahrrad oder kleines Motorrad gewesen, so konnte man sich schon bald ein eigenes Auto leisten.

Selbst der Präsident des Landes, Don Alfredo Strößner, besuchte die Kolonie. Große Reden wurden geschwungen, um den Menschen vor Ort für die Erfolge zu danken und um neuen Mut zu verbreiten. Bravo, weiter so! Doch die versprochene asphaltierte Straße von der Hauptstadt Asuncion bis in die Kolonie, die für den Transport der Waren so wichtig gewesen wäre, wurde bis heute nicht noch fertiggestellt.

Ein Zeichen des Fortschritts: Familienausflug mit dem eigenen Auto

Dennoch hat man inzwischen riesige Fortschritte gemacht, und es könnte sein, dass die Kolonie Volendam schon bald Anschluss an das asphaltierte Straßennetz des Landes bekommt.

Das wiederum wäre dann tatsächlich auch für die wirtschaftliche Entwicklung und Mobilität der bestehenden Betriebe in der Kolonie Volendam

ein gewaltiger Fortschritt.

Sohn Alfred auf einer 90er Honda und im Weizenfeld

Ihr Kinderlein kommet...

Es ging auf Weihnachten 1949 zu. Im Gegensatz zu Europa, wo es zum Jahresende immer kälter wird, herrscht in Paraguay Hochsommer.

Die deutschen Weihnachtslieder wie „Leise rieselt der Schnee" oder „O Tannenbaum" passten da nicht ganz in die Landschaft, und doch wurden sie gesungen und erfüllten unsere Herzen mit weihnachtlicher Stimmung. Es war eine schöne Sache.

Dann, Ende Februar, war es so weit. Wir erwarteten unseren ersten Nachwuchs! Es war ein heißer, schwüler Tag, als ich ins Krankenhaus musste, weil die Wehen eingesetzt hatten. Bei der Niederkunft waren die Männer natürlich nicht dabei, sie waren bei uns von dem Geburtsvorgang ausgeschlossen. Nie wäre mein Mann auf die Idee gekommen, bei der Geburt des Kindes dabei sein zu wollen. Mein erstes Kind kam auch ohne Papas Hilfe gesund

und ohne Komplikationen auf die Welt, jedoch war es für mich sehr anstrengend, denn ich war damals ja noch nicht einmal 20 Jahre alt.

„Frau Willms, es ist ein Junge", verkündete die Hebamme freudig. Ich war sehr glücklich und stolz darüber, einen gesunden Sohn zur Welt gebracht zu haben! Mein Mann und ich einigten uns auf den Namen Gerhard. Sein Rufname sollte später Gerd sein. Die Freude über die Geburt von Gerd im Jahr 1950 war sehr groß. Aber wir hatten nach dem freudigen Ereignis im selben Jahr auch einen Trauerfall zu beklagen. Denn nur sechs Monate danach verstarb meine so geliebte Mutter Agatha. Die Todesursache habe ich nie erfahren. War sie so geschwächt von all den Strapazen der Flucht? Konnte sie den Verlust ihrer alten Heimat nicht verkraften? Sie wurde noch nicht einmal 61 Jahre alt. Für mich war es sehr schmerzhaft, meine Mutter so früh zu verlieren. In all den zurückliegenden schweren Jahren war sie für mich immer eine große Stütze gewesen. Auch mein Vater konnte seinen Schmerz kaum überwinden. Er blieb nun alleine in dem kleinen Häuschen zurück. So oft er nur konnte, kam er zu uns, um bei den täglichen Arbeiten zu helfen. Vermutlich konnte er auf diese Weise den Verlust besser verarbeiten.

Zwei Jahre später wurde Elvira geboren. Nach weiteren zwei Jahren, 1954, kam Bernhard zur Welt.

Nach der Geburt des vierten Kindes, Peter, im Jahr 1955, wurde unser kleines Häuschen zu eng. Wir mussten uns verändern. Der Zufall wollte es, dass im selben Dorf ein größeres Haus zum Verkauf angeboten wurde. Wir einigten uns schnell mit dem Verkäufer, und so konnten wir noch im selben Jahr umziehen. Im nachfolgenden Jahr 1956 kam dann prompt unser Sohn Heinz zur Welt.

Hans erblickte das Licht der Welt 1957. Jakob folgte 1959.

Jetzt war das Haus voller Wonneproppen, deshalb zogen wir erneut um, nämlich ins Dorf Nr. 5. Dort kamen dann die letzten Kinder zur Welt: Im Jahr 1960 die zweite Tochter Marie-Luise.

Willi ließ sich etwas mehr Zeit. Er wurde 1963 geboren.

Vorletzter war Erwin 1965, und der Nachzügler war dann Alfred im Jahr 1968.

Ich hatte mir immer zwei Kinder gewünscht. Ob erst einen Sohn und dann eine Tochter oder umgekehrt, war mir dabei nicht wichtig. Dieser Wunsch hat sich dann allerdings mehr als erfüllt. Letztendlich habe ich elf gesunde Kinder zur Welt gebracht, neun Jungen und zwei Mädchen! Wenn man so will, hatten wir zu Hause unsere eigene Fußballmannschaft.

Manchmal wurde ich missverstanden, weil ich

mal den Wunsch geäußert hatte, nur zwei Kinder haben zu wollen. Dazu sage ich, wir dürfen zwar wünschen, aber unser Glaube lehrt

Mein Mann Eugen und ich mit unserer „Fußball-Elf"

uns ja, dass Gott uns führt. Und so bin ich heute stolz und glücklich über jedes meiner Kinder. Sie sind mein größter Schatz. Ich liebe sie alle und möchte keines von ihnen missen! Die Kinder wurden schnell größer und schon hieß es: „Die Schule wartet!" In unserem Dorf gab es aber keinen Unterricht mehr. So musste Gerd ins Dorf Nr. 5 zur Schule gehen, ungefähr drei Kilometer von zu Hause entfernt. Im ersten Jahr blieb er dann von Montag bis Freitag in dem Heim neben der Schule. Später ging er den weiten Weg von Nr. 13 bis Nr. 5 täglich zu Fuß. Bald kam Elvira auch dazu. So konnten sie zusammen marschieren. Wenn sie dann mittags nach Hause kamen, waren sie total erschöpft.

Während wir zu Hause nur Plattdeutsch sprachen, wurde in der Schule in hochdeutscher Sprache unterrichtet. Das war für die Schüler eine große Herausforderung. Gut, dass der Mensch gerade in jungen Jahren schnell dazulernt. So haben es auch die Schulanfänger/innen mit Bravour geschafft, Hochdeutsch zu lernen. Richtig stolz waren unsere Kinder, wenn sie mir dann einige Sätze auf

Hochdeutsch vorlesen konnten. Später kam die Landessprache, Spanisch, dazu. Die Sprache musste auch ich erst erlernen. So konnte ich den Kindern bei den Hausaufgaben hier nicht behilflich sein. Sie meisterten ihre Aufgaben auch ohne meine Unterstützung.

Unsere Schule im Zentrum Tiefenbrunn (Aus dem Buch Volendam 1947 – 1997)

Unser neues Zuhause im Zentrum

Der Umzug ins Dorf Nummer 5 im Jahre 1959 brachte viele Erleichterungen und Vorteile mit sich. Wie einfach war es jetzt für die Kinder, zur Schule zu gehen. Sie lag nur ungefähr 200 Meter von unserem Wohnhaus entfernt.

Unser Haus im Dorf Nr. 5

Es gab keine weiten Wege mehr, die sie zurücklegen mussten. Ich musste deshalb auch keine Angst mehr haben, dass ihnen auf dem Schulweg etwas zustößt.

Die Möbel und alle sonstigen Habseligkeiten wurden beim Umzug mit dem Pferdewagen transportiert. Tiefenbrunn ist das Zentrum der Kolonie mit Kirche, Krankenhaus, Apotheke, Geschäften und Schulen. Alles war so nah. Die Kirche stand sogar direkt gegenüber auf der anderen Straßenseite unseres Hauses.

Die Kirche im Dorf Nr. 5

Später wurde sogar ein Flugplatz ganz in der Nähe von unserem Haus gebaut. Gut war es, dass kein so reger Flugverkehr herrschte, denn es war doch immer laut, wenn ein Flugzeug

startete oder landete. Vorteilhaft war, wir brauchten nur über die Straße zu gehen und schon standen wir direkt am Landeplatz. Zudem konnten wir immer genau beobachten, wer gerade abreiste oder wer in der Kolonie ankam.

Das neue Haus bot für uns alle Platz. Auch mein Vater hatte ein eigenes Zimmer zur Verfügung. So musste er nicht alleine im Dorf Nr. 13 zurückbleiben. Bis zu vier Kinder schliefen zusammen in einem Raum. Das war kein Problem, denn die Zimmer dienten ja tatsächlich nur zum Schlafen. Das Spielzimmer war draußen in der freien Natur. Den ganzen Tag vergnügten sich die Kinder auf dem Hof. Er war ziemlich groß und bot ihnen reichlich Möglichkeiten zum Toben und Spielen.

Volleyball, eine beliebte Ballsportart bei den Kindern

In den drei kälteren Monaten hielten sich die Kinder unter dem geschützten Schattendach auf oder kamen zu mir in die Küche, wo ich immer etwas zu tun hatte. Die große Küche war der einzige Raum, der durch den Herd immer warm gehalten wurde. Aber auch an den kühlen Tagen stiegen die Temperaturen meist auf angenehme Grade, wenn die Sonne schien. Abends saß ich meistens mit den Kindern in der Küche und erzählte ihnen Geschichten aus Russland und Deutschland. Fernsehen gab es bei uns nicht. Es war für mich immer eine große Freude, wenn die kleinen Kinderohren aufmerksam zuhörten und nicht genug von meinen Erzählungen bekamen. Oft habe ich von meinen Kinobesuchen in Deutschland erzählt. Auch die faszinierenden Berichte von den Attraktionen, die ich im Zirkus gesehen hatte, waren für meine Kinder wahre Höhepunkte.

Die Kinder lauschten nicht nur meinen Erzählungen, sondern sie „schrieben" auch ihre eigenen wahren Geschichten, die teilweise recht abenteuerlich und gefährlich waren. Eine werde ich nie vergessen.

Es geschah an einem Sonntagnachmittag. Nach dem Gottesdienst wurde auf dem Kirchhof noch mit den Nachbarn geplaudert.

Plötzlich waren die drei ältesten Kinder verschwunden. So außergewöhnlich war es nicht, gingen sie doch öfters in den nahe gelegenen Wald, um zu klettern und zu spielen.

Als sie aber nach zwei Stunden immer noch nicht zurück waren, machte ich mir doch meine Gedanken. Was konnte passiert sein? Hatten sie sich verlaufen? Waren sie überfallen oder von einem wilden Tier verletzt worden? Die schlimmsten Gedanken schossen mir durch den Kopf, sodass ich beschloss, sie zu suchen. Mein Mann war nach dem Essen ausgefahren. Es war für ihn der Höhepunkt der Woche, am Sonntag über „seine Felder" zu gehen. Wenn das Getreide gut wuchs, war gute Laune bei ihm garantiert.

Eine Stunde lang suchte ich die Kinder, aber ohne Erfolg. Auch meine Rufe wurden nicht erwidert. Ich fragte bei den Nachbarn nach. Sie hatten nur gesehen, dass die drei aus dem Dorf in Richtung der großen Viehweiden gegangen waren. Eine innere Stimme sagte mir, dass ich nun erst einmal nach Hause gehen sollte. Dort angekommen, sah ich zu meiner Überraschung, dass die Kinder friedlich und einträchtig in der Küche verweilten.

Der Spielplatz in freier Natur

Ich merkte ihnen natürlich an, dass sie ein schlechtes Gewissen hatten.

„Mama, wir waren bei dem Brunnen draußen auf der Weide", erklärte Gerd völlig aufgeregt.

„Ihr wisst doch, dass ihr dort nicht spielen dürft,

solange der Brunnen nicht abgesichert ist. Es ist doch viel zu gefährlich", schimpfte ich.

„Aber Mama, wir haben doch nur Steine in den Brunnen geworfen, um zu sehen, wie hoch das Wasser spritzt … bis … ja bis Elvira fast reingefallen wäre. Wir konnten sie gerade noch rechtzeitig festhalten", gaben Gerd und Berni zu. Der Schreck steckte ihnen immer noch in den Gliedern, denn beinahe wäre das sprich-wörtliche Kind tatsächlich in den Brunnen gefallen.

Die Strafe, eine Woche nicht mehr auf den Viehweiden spielen zu dürfen, akzeptierten sie ohne Widerspruch. Es hätte sicherlich eine härtere Strafe gegeben, wenn der Vater zu Hause gewesen wäre.

Schön ist allerdings die Ostergeschichte, die mein Mann den Kindern erzählte. Wie jedes Jahr, setzte ich mich vor Ostern mit den ältesten Kindern in die Küche, um die Ostereier zu färben. Unser Peter hatte in diesem Jahr auch das Alter erreicht, um mithelfen zu dürfen. Als dann der Ostermorgen kam, erzählte mein Mann den jüngeren Kindern, die noch an den Osterhasen glaubten, dass die Ostermutter zusammen mit vier Kindern die Eier gefärbt hätte, aber der kleinste und jüngste von den Kindern hatte die größten Ohren. Wenn Peter heute diese seltsame Ostergeschichte des Vaters erzählt, kann er immer noch darüber lachen.

Gerd mag zwei Jahre alt gewesen sein, als er seinem Vater beim Ernten vom Kafir zusah. „Papa, was ist das, was du da abschneidest", fragte er neugierig. „Das ist Kafir, Futter für unsere Tiere", antwortete der Vater. „Sag doch mal Kafir", forderte er Gerd auf. „Das kann ich nicht", meinte Gerd. „Du kannst nicht Kafir sagen? Stell dich nicht so an und sag es jetzt!" Mein Mann wurde hier leicht ungeduldig. Gerd

kam daraufhin in die Küche gelaufen. Er war
ganz aufgeregt und meinte zu mir: „Mama ich
kann doch noch nicht Kafir sagen, nein?"
„Aber du hast es ja gerade gesagt. Also lauf sofort raus zu deinem Vater und sag es ihm."
„Wenn ich es aber doch nicht kann?"
Er war ganz unglücklich und lief auf den Hof,
um dort zu spielen.

Eugen kommt von der Viehweide

Mein Mann war den ganzen Tag auf dem Lande
beschäftigt. Oft kam er erst spät nach Hause.
Nach dem Abendessen saß er dann meistens

unterm Schattendach vor dem Haus und las. Wie viele Romane er dort verschlungen hat, vermag ich nicht zu sagen. Für Arbeiten im Haus fand er kaum Zeit. Das war dann meine Sache.

Neben den ganz normalen Hausarbeiten wie Kochen, Putzen, Kinder und Haustiere versorgen usw. mussten ebenfalls der Hof und Stall in Ordnung gehalten werden. Auch der Gemüse- und Blumengarten machte viel Arbeit. Bei all diesen Tätigkeiten unterstützte mich mein Vater, wo immer er konnte. Um den Hof zu fegen, machte er seine eigenen Besen. Schilf gab es genug in der näheren Umgebung. Nach dem „Ernten" wurde es getrocknet, dann um einen Stiel gebunden und entsprechend zurechtgeschnitten. Fertig war der Besen. Mit der Zeit waren seine Besen so bekannt, dass er sie an die Menschen in der Kolonie verkaufte. Wenn ich ihm sagte, dass es ja nicht nötig sei, den Hof täglich zu fegen, war seine prompte Antwort: „Liebe Maria, ist es nicht schön, wenn die Kinder morgens aufstehen und auf einem sauberen Hof spielen können?"

Gute Laune gehörte bei der Arbeit für ihn dazu. Entweder summte er ein Lied oder pfiff leise eine Melodie. Er war einfach ein wunderbarer und zufriedener Mensch, der auch für seine Enkelkinder immer ein offenes Ohr für ihre kleinen Sorgen und Nöte hatte. Eine seiner Lieblingsaufgaben war die Pflege der Weinlaube. Er beschnitt sie, rupfte das Unkraut aus und schnitt überflüssige Triebe ab. Die Ernte war oft so gut, dass er seinen eigenen Wein herstellte. Darauf war er dann mächtig stolz!

Auch mit den Kindern gab er sich liebevoll ab. Da es zu der Zeit kaum Spielzeug gab, waren die Kinder immer froh, wenn Opa sein Werkzeug ausbreitete und sie gemeinsam damit werkeln konnten.

Ab Anfang 1969 ging es meinem Vater zusehends schlechter. Er klagte über Appetitlosigkeit. Ich merkte schon bald, dass etwas mit ihm nicht stimmte. Auch häufige Besuche beim Arzt brachten nicht die erhoffte Besserung.

Dann war er eines Tages verschwunden. Die leidvolle Vergangenheit hatte ihn wohl eingeholt. Die schweren Kriegsjahre, der frühe Verlust der geliebten Ehefrau und der eigenen Kinder, all das schien ihn jetzt zu erdrücken. Er wurde immer unruhiger und litt unter ständiger Verfolgungsangst vor den Russen. Hilflos und ohne Orientierung irrte er häufig im dichten Urwald oder auf den Feldern und Wiesen umher.

Eines Tages musste eine große Suchaktion eingeleitet werden. Jeder im Dorf, der helfen konnte, beteiligte sich. Als man ihn dann kilometerweit vom Dorf entfernt an einem Waldrand fand, wurde er sofort ins Krankenhaus gebracht. Er verstarb dort im Jahr 1969.

Die Beerdigung fand noch an seinem Todestag statt. Für mich brach eine Welt zusammen.

Er war ein sehr guter Vater gewesen. Ich habe ihm so viel zu verdanken. In den Kriegsjahren und auf der Flucht danach hat er mich immer wieder aufgerichtet und getröstet. Ich werde die Momente nie vergessen, in denen er mich in seine Arme nahm und Trost spendete. Auch die vielen schönen Stunden, die er mit unseren Kindern verbracht hatte, gingen mir durch den Kopf. Es ist nie ein böses Wort zwischen ihm und den Kindern gefallen. Mit Liebe und Geduld beschäftigte er sich mit ihnen. Obwohl ich einen sehr fleißigen Mann und elf gesunde Kinder hatte, überkam mich danach ein Gefühl der Leere und Hilflosigkeit. Doch dann besann ich mich wieder auf meinen trostvollen Leitspruch, der da heißt: „Mit Gottvertrauen und den Blick nach vorne gerichtet sind Probleme und die schwierigen Aufgaben leichter zu bewältigen."

Unser Familienbetrieb wird erweitert

Da unsere Familie immer größer wurde, musste die älteste Tochter, Elvira, schon nach der 7. Klasse zu Hause bleiben. Das wollte ich nicht akzeptieren, doch ihr Vater war in dieser Angelegenheit nicht umzustimmen. Ich bin meiner Tochter immer noch sehr dankbar für all die Unterstützung, die sie in dieser Zeit leistete. Aber auch die Jungen mussten schon im Kindesalter auf dem großen Hof mithelfen.

So haben einige von ihnen schon vor dem Abschluss der 10. Klasse die Schule verlassen. Unschätzbar groß sind ihre Verdienste für die tatkräftige Mithilfe auf dem Ackerland. Aber der Vater konnte die viele Arbeit alleine natürlich nicht bewältigen und das Geld, um Mitarbeiter einzustellen, hatte er nicht.

Neben all diesen landwirtschaftlichen Arbeiten betätigte sich mein Mann Eugen auch noch als Transportunternehmer. Produkte aus der Kolonie mussten zweimal pro Woche zum Hafen nach Puerto Mbopiqua gebracht werden. Der lag 20 Kilometer von unserem Wohnort entfernt.

Ein Auto oder einen Lkw besaßen wir zu diesem Zeitpunkt noch nicht. Es blieb also nur der Pferdewagen, der als Transportmittel zur Verfügung stand.

Frühmorgens fuhr er los, um am Abend ganz spät nach Hause zu kommen. Oft brachte er wilde, essbare Früchte für die Kinder mit, die er am Wegesrand entdeckt hatte. Darüber freuten sie sich dann ganz besonders. Auch das nicht verzehrte Butterbrot war bei den Kindern sehr beliebt.

Am nächsten Morgen wartete dann schon die Arbeit auf den Feldern. Auch hierfür gab es anfänglich keine Landmaschinen. Einfache Pflüge wurden von Ochsen oder Pferden gezogen. Erst in den 60er Jahren fanden immer mehr Landmaschinen ihren Einsatz. Durch den Aufschwung in der Kolonie entstanden viele Neubauten. Die alten, oftmals kleinen Häuser, wurden vergrößert und verschönert. Mein Mann beschloss, eine Ziegelei und ein Sägewerk zu bauen, denn er meinte, das wäre eine weitere kräftig sprudelnde Einkommensquelle für unsere große Familie.

Allerdings war der Arbeitsaufwand jetzt so groß, dass er auch auf fremde Hilfe angewiesen war. Wieder mussten natürlich zunächst die großen Jungs mithelfen. Als das nicht reichte, musste er zusätzliche Mitarbeiter einstellen. So bekamen Mitbürger aus der Kolonie und auch arbeitswillige Einheimische eine Arbeitsstelle.

Die Paraguayer nutzten die große Scheune der Ziegelei gleichzeitig als Unterkunft. Darin wurde gekocht, geschlafen und häufig Karten gespielt. Direkt neben der Ziegelei hatten die Jungen auf der Viehweide einen Fußballplatz angelegt.

Nach Feierabend wurde dort so manches Fußballspiel zusammen mit den einheimischen Arbeitern ausgetragen. Das ging dann meistens bis in den späten Abend hinein. Die Paraguayer waren alle gute Fußballer, von denen unsere Jungs viel lernen konnten.

Und wenn der Ball mal wieder keine Luft hatte, wurde er kurzerhand selbst geflickt. Einen Ersatzball gab es nicht. Zum einen war das Angebot an Fußbällen nicht so groß und Geld für einen neuen Ball hatten sie nicht.

Das Nähen mit den zwei krummen Nadeln beherrschten die Paraguayer aus dem Eff-Eff. Die Nadeln waren speziell für das Reparieren von Fußbällen gemacht. Sie mussten gekrümmt sein, denn nur so konnte man sie an den Rundungen ein- und ausführen. Die Blase wurde mit dem Fahrradflickzeug wieder dicht gemacht, dann aufgepumpt und weiter ging die Bolzerei.

Nach dem Spiel saßen meine Jungs oft noch lange Zeit mit den Einheimischen zusammen und lauschten aufmerksam ihren interessanten Erzählungen. Oft wurden sie nach dem Sport von den Paraguayern zum Abendessen eingeladen. Obwohl sie bei mir meistens schon Abendbrot gegessen hatten, war es für sie etwas Besonderes, mit ihnen zu speisen. Die Tortillas waren für sie immer ein echter Leckerbissen. Die Paraguayer sind eben überaus gastfreundlich und immer zum Teilen bereit.

Die Familien der einheimischen Arbeiter blieben in ihren Dörfern zurück. Dort gingen auch die Kinder zur Schule, wenn es denn eine Schule gab. Zum Wochenende gingen die Mitarbeiter dann zu Fuß zu ihren Siedlungen, wo ihre Familien sie schon sehnlichst erwarteten. Das waren oft 30 Kilometer, die sie so zurücklegten. Ein Bus fuhr sehr selten, außerdem sparten sie das Busgeld lieber für die Angehörigen daheim. Wer Glück hatte, konnte mit einem zufällig vorbeikommenden Pferdewagen mitfahren. Es war schon erstaunlich, mit welcher Ruhe und Gelassenheit sie die Abwesenheit von ihren Familien ertrugen. Aber es kam auch vor, dass plötzlich ein Familienmitglied zu Hause erkrankt war und der Vater deshalb sofort nach Hause musste. Dafür brauchte er natürlich einen Geld-vorschuss. Nicht selten war mein Mann der Meinung, dass hinter der Erkrankung ein finanzieller Engpass in der Familie steckte. Das war allerdings auch nicht verwunderlich, denn die Paraguayer auf dem Lande leben in sehr ärmlichen Verhältnissen und sind natürlich froh über jede Beschäftigungsmöglichkeit, die ihnen und somit der Familie ein Einkommen sichert. Ärgerlich wurde mein Mann immer dann, wenn ein Mitarbeiter nicht am Montag früh zur Arbeit erschien, sondern erst am späten Nachmittag.

Die Kinder werden flügge

Auch ohne Reichtümer hatten die Kinder eine schöne Kindheit. In unserer Kolonie wurde man nach der zehnten Schulklasse entweder Landwirt oder man musste in eine andere Stadt ziehen, um dort weiter zur Schule zu gehen oder einen anderen Beruf zu erlernen.

Gerd zog Anfang der 70er Jahre in die Hauptstadt Asuncion. Dort arbeitete er zunächst in einer Elektrowerkstatt und besuchte in den Abendstunden die „Elektrikerschule". Auch machte er sein Abitur in Asuncion. Elvira, die mir so viel geholfen hatte, folgte Gerd alsbald. Sie erhielt eine Anstellung im MCC-Heim in Asuncion und konnte so ihr eigenes Geld verdienen. Ihre große Erfahrungen in allen Haushaltsfragen konnte sie jetzt gut einbringen. Im Jahr 1970 zog auch Bernhard für 3 Jahre nach Asuncion, um sein Abitur in den Abendstunden an der höheren Handelsschule zu machen.

Schon bald begann eine familiäre Auswanderungswelle. Zunächst zog es Gerd im Jahr 1972 nach Deutschland. Kurze Zeit später, im Jahre 1973, folgte ihm Elvira, Peter ging im Januar 1976 nach Deutschland.

Als Gerd seine Hochzeit mit der Schweizerin Therese Geiser im Frühjahr 1976 bekannt gab, flog auch Bernhard nach Deutschland, um bei der Feierlichkeit dabei zu sein. Sicherlich wusste er schon damals, dass er dort bleiben würde. Unsere Familie zu Hause wurde nach und nach immer kleiner.

Mein Mann war immer dafür, dass die Kinder ihr Glück in Deutschland versuchen sollten, gab es dort doch viel mehr berufliche Chancen und Möglichkeiten, den Unterhalt zu verdienen. Die Brüder, die ihren Vater so fleißig und tatkräftig in der Landwirtschaft unterstützten, blieben zunächst noch in unserer Kolonie in Paraguay.

Nach ihrer Hochzeit zogen sie in die eigenen

Häuser. Obwohl dort das eigene Land zu bestellen war, haben sie ihrem Vater weiterhin geholfen, wann immer es möglich war. Die Söhne Erwin und Alfred und die Tochter Marie Luise gingen ebenfalls nach Deutschland. Um die Jahrtausendwende entschlossen sich auch die Söhne Heinz und Jakob, ihr Land zu verkaufen, um mit ihren Familien das Glück in Deutschland zu finden. So blieben mein Mann und ich ganz alleine im großen Haus zurück.

Was war das für eine Umstellung für mich! Mit der Situation musste ich erst einmal zurechtkommen. Schon allein das Kochen für nur zwei Personen fiel mir schwer.

Natürlich habe ich ständig auf Post aus Deutschland gewartet. Auch mein Mann konnte es kaum abwarten, bis es endlich Neuigkeiten gab. Doch ein Brief war nicht selten vier Wochen lang unterwegs. Telefon hatten wir zu der Zeit in unserem Hause noch nicht. In ganz dringenden Fällen konnten die Kinder uns über das Telefon in der Zentrale der Verwaltung unserer Kolonie erreichen.

Das ging dann folgendermaßen vonstatten: Zunächst riefen sie in der Zentrale an und baten dort, uns zu informieren, dass sie sich zu einem späteren Zeitpunkt wieder melden.

Nachdem man uns Bescheid gab, fuhren wir zur Verwaltung und warteten dort auf den Anruf. Es dauerte manchmal sehr lange bis die Verbindung hergestellt war. Für die Kinder war so ein Gespräch sehr teuer, für uns aber aufregend und wohltuend.

Ein Flug nach Deutschland war nicht so einfach für uns. Zum einen musste die Arbeit zu Hause verteilt werden, zum anderen war so ein Vorhaben mit hohen Kosten verbunden. Trotzdem haben wir die Kinder in Deutschland einige Male besucht. Mir erging es dabei immer sehr gut. Sie zu sehen, war schon eine gute

Sache. Und ich mochte Deutschland so sehr, dass ich am liebsten auch dort geblieben wäre!

Die Sauberkeit, die vielen schönen Häuser und nicht zuletzt die vier Jahreszeiten hatten es mir angetan. In Paraguay herrscht in den meisten Monaten ein tropisches, schwüles Klima, an das ich mich in all den Jahren nicht so recht gewöhnen konnte.

Mein Mann sah es anders. Er fühlte sich in Paraguay, wo er so viel aufgebaut hatte, am wohlsten. Trotzdem haben wir den Schritt einmal probehalber gewagt. Wir blieben fast drei Monate in Deutschland.

Während ich mich hier bei den Kindern immer heimischer fühlte, konnte mein Mann es kaum abwarten, bis wir wieder zurück nach Paraguay flogen. Er wollte einfach zu seinem Ackerland und seinen Rindern. Wir hatten zu der Zeit schon eine beträchtliche Anzahl davon. Er sagte immer, dass die Kühe unsere Rente sind.

Wenn er mal vor mir sterben würde, so meinte er, hätte ich für den Rest des Lebens ausgesorgt. Also packten wir die Koffer und flogen wieder zurück nach Paraguay.

Es blieb trotzdem weiterhin mein Wunsch, wieder in Deutschland zu leben. Ich träumte davon, dort in einer kleinen Wohnung zu leben, ohne die vielen Haustiere und den großen Hof, wo immer so viel Arbeit wartete.

Ganz schlimm war es, wenn der Nordwind den rötlichen Sand von der Straße ins Haus wehte. Er trug den feinen Staub bis in die letzten Winkel des Hauses. Dann war es nicht einfach, das Haus auch nur einigermaßen sauber zu halten. Sogar die Kleidung wurde vom Sand eingefärbt, und ich hatte alle Mühe den roten Staub wieder auszubürsten.

All das trug dazu bei, dass mein Wunsch, nach Deutschland zurückzukehren, größer wurde.

Dann war ich plötzlich alleine

Ab dem Jahr 2000 ging es meinem Mann oft tagelang nicht gut, obwohl er gerade erst 73 Jahre alt geworden war. Gut, dass der Sohn Willi die Verwaltung unserer Wirtschaft vor einiger Zeit übernommen hatte. Er meisterte die Aufgabe sehr gut. Einheimische Mitarbeiter halfen ihm dabei. Auch die anderen Söhne packten an, obwohl sie auf ihrem eigenen Betrieb mehr als genug zu tun hatten. Ob sie dafür ihren gerechten Lohn erhalten haben, muss nachträglich betrachtet, bezweifelt werden. Oft gab es nämlich Unstimmigkeiten zwischen dem Vater und ihnen. Mein Mann konnte oftmals nicht einsehen, dass die Söhne mit ihrem eigenen Landbetrieb genug zu tun hatten, und hatte teilweise unangemessene Erwartungen an sie. Eine schwierige Zeit für alle Beteiligten, in der manch unpassendes Wort noch zu weiteren Irritationen und Verletzungen führte und die Beziehung zwischen Eltern und Kindern belastete.

Hatten die Brüder, die ausgezogen waren, um weiterführende Schulen zu besuchen, den besseren Weg gewählt? Hatte das Leben ihnen Vorteile gewährt? In vielen Punkten ganz gewiss.

Ein schleichender Krankheitsprozess veränderte bei meinem Mann immer deutlicher seine Persönlichkeit. Für mich war es zunächst sehr schwer zu verstehen, dass er sich immer mehr zurückzog und zunehmend schwächer wurde. Was war bloß mit ihm passiert? Sein Appetit ließ nach. Selbst sein Lieblingsessen, eine kräftige Hühnersuppe, konnte er nicht mehr mit Freude genießen. Er verlor zusehends an Gewicht, worüber ich mir große Sorgen machte.

Es war nie sein Ding gewesen, über Krankheiten zu sprechen. Auch ging er nicht gerne zum Arzt. Doch jetzt musste es einfach mal sein. Er war einverstanden, und so vereinbarte ich einen Untersuchungstermin im Krankenhaus. Verschiedene Tests wurden hier durchgeführt.

Anschließend bat mich der Arzt zu einem Gespräch in sein Zimmer. „Frau Willms, ich vermute, dass Ihr Mann an einer Demenz leidet", sagte er vorsichtig zu mir. „Wir werden noch weitere Untersuchungen machen. Ich halte Sie auf jeden Fall auf dem Laufenden."

„Was kann ich denn jetzt für ihn tun?", fragte ich besorgt und verunsichert, denn diese schlechte Nachricht musste ich erst mal verdauen. Ich wusste, dass es eine unheilbare Krankheit ist. Im schlimmsten Fall würde mein Mann seine Persönlichkeit ganz verlieren und wäre dann Tag und Nacht auf fremde Hilfe angewiesen.

„Machen Sie sich erst einmal nicht zu viele Sorgen. Ihr Mann ist hier im Krankenhaus gut aufgehoben. Wir tun, was wir können, damit es ihm besser geht und er bald wieder nach Hause kann."

Täglich besuchte ich ihn einige Stunden. Durch die Medikamente, die er im Krankenhaus erhielt, schlief er dort nachts besser als in der letzten Zeit zu Hause. Tatsächlich erholte er sich nach einiger Zeit etwas und bekam wieder mehr Lebensmut.

„Der Arzt hat gesagt, dass ich wieder nach Hause darf", teilte er mir nach einer Woche freudestrahlend mit. Nach der Untersuchung am selben Tag war es dann so weit. Mittags konnte ich ihn wieder mitnehmen.

Wir hatten danach eine schöne Zeit zu Hause. Mein Mann half mir hier und da. Dafür hatte er bisher nie Zeit gehabt. Auch gingen wir nun immer öfter zusammen spazieren durch unser Dorf oder mal zum Einkaufen.

Bekannte kamen wieder häufiger zu Besuch.

Ich merkte, dass es ihm guttat. Wenn er dann mit ihnen auf seiner Bank saß und Mate-Tee trank, wünschte ich mir, es ginge immer so weiter. Doch die Wirklichkeit holte uns wieder ein. Er schlief des Nachts sehr schlecht und wurde wieder sehr unruhig. Er wurde so schwach, dass er schon bald selbst die einfachsten Dinge nicht mehr verrichten konnte. Auch bei der Körperpflege hatte er große Probleme. Ich sprach erneut mit dem Arzt.

„Überlegen Sie einmal, ob es nicht besser ist, wenn Ihr Mann ins Altenheim kommt", riet mir der Arzt. Wir setzten uns zu Hause zusammen und besprachen in aller Ruhe diesen Vorschlag des Arztes. Mein Mann gab letztlich sein Einverständnis, obwohl es ihm sehr schwer fiel. Auch für mich war es keine leichte Ent-scheidung. Wie viele Jahre war er der „starke Mann" an meiner Seite gewesen! Jetzt musste ich über seine Zukunft entscheiden. Das

Gespräch mit dem Heimleiter bekräftigte mich in der Entscheidung, ihn dort anzumelden.

„Frau Willms, sagen Sie Bescheid, wenn Sie die Sachen gepackt haben", meinte er. „Ich komme dann und helfe Ihnen beim Transport."

Dann war es so weit. Mein Mann zog ins Altenheim! Obwohl mir eine Stimme sagte, dass es die richtige Entscheidung war, fiel es mir schwer, diesen Schritt zu verstehen.

Das Heim liegt direkt neben dem Krankenhaus und unser Haus ist nur ca. 400 Meter entfernt. Das ist zwar keine große Entfernung, und doch musste ich erst einmal damit zurechtkommen, jetzt alleine zu sein.

Mein Mann wurde im Heim liebevoll betreut. Schlimm war es, mit anzusehen, dass er so viele Freunde und Nachbarn nicht mehr er-kannte!

Die Nachricht von der Erkrankung des Vaters veranlasste unseren Sohn Bernhard, für zwei

Wochen nach Paraguay zu kommen. Für diesen Besuch bin ich ihm für immer dankbar. Er war für mich eine große Hilfe in der schweren Zeit. Die Erkrankung meines Mannes belastete mich doch sehr.

Täglich gingen wir einige Male ins Heim, um ihn zu besuchen. Ich denke, es war auch für Bernhard sehr segensreich, dass er seinen Vater so kurz vor dessen Tod noch besuchen konnte, obwohl er das Gefühl hatte, dass sein Vater ihn nicht mehr erkannte. Und doch, an einem Nachmittag saßen wir mit ihm draußen vor dem Krankenhaus. Plötzlich legte er seine linke Hand auf das Knie von Bernhard und guckte ihn dabei an. Wir sind beide sicher, dass er da gewusst oder vielleicht auch nur gespürt hat, wer bei ihm war. Wir sind sicher, es war ein schönes und wichtiges Erlebnis für ihn.

Nach einigen Tagen verschlechterte sich sein Zustand so sehr, dass er wieder ins Krankenhaus verlegt werden musste. Der Arzt und das Personal taten alles, um ihm zu helfen. Die 14 Tage, die Bernhard bleiben konnte, gingen viel zu schnell vorüber. Er musste wieder zurück nach Deutschland.

Ich blieb oft stundenlang im Krankenhaus. Eine Unterhaltung mit meinem Mann war jetzt nicht mehr möglich. Doch ich wollte bei ihm sein, und es tat uns beiden gut.

Und plötzlich ging mir unser ganzes Leben hier in Paraguay durch den Kopf. Wie in einem Film sah ich unsere Vergangenheit an mir vorbeiziehen. Schwere Zeiten mit Entbehrungen, aber auch schöne Momente offenbarten sich mir.

In all den Jahren hatten wir in der Hoffnung auf bessere Zeiten unseren Blick nach vorne gerichtet. Die anfallenden Arbeiten mussten erledigt werden, wohlwissend, dass es keine Alternativen gab. Mein Mann war mit der Arbeit auf dem Lande und dem Transport der Waren zum Hafen voll ausgelastet gewesen und abends sehr müde nach Hause gekommen. Hinzu kamen später das Sägewerk und die Ziegelei. In der Zeit, wo in der Kolonie immer mehr gebaut wurde, konnte er durch das zugeschnittene Holz und die gebrannten Ziegel zusätzliche Einnahmen erzielen.

Ich war mit unseren vielen Kindern fast rund um die Uhr beschäftigt gewesen. Die viele Wäsche musste zunächst per Hand gewaschen werden. Alte und kaputte Sachen mussten geflickt und gestopft werden. Geld für neue Kleider hatten wir nicht. Dazu kam die übrige Haus- und Gartenarbeit und das Kochen für die Großfamilie.

Das Wasser kam nicht aus dem Wasserhahn. Wir hatten einen Brunnen, der 27 Meter tief war. Es musste mit einem Eimer mittels einer Kurbel hochgezogen werden. Einen Wassertank gab es in der Anfangszeit auch noch nicht. Ist es da verwunderlich, dass es unter diesen

Umständen keine Zeit für Träumereien und für die schönen Dinge des Lebens gab?

Was war geblieben aus unserem Vorhaben, durch viel Einsatz und Gottes Hilfe die Aufgaben zu meistern und trotzdem ein glückliches Ehepaar zu bleiben?

Es hatte Spannungen und Auseinandersetzungen zwischen meinem Mann und mir gegeben. Oft hatte ich Trost bei meinen Kindern gesucht.

„Haltet zusammen, bis dass der Tod Euch scheidet" – das haben wir geschafft. Ich wünschte mir heute, vieles wäre harmonischer verlaufen, mit mehr Verständnis füreinander.

Am 21.04.2002 merkte ich, dass mein Mann große Atemnot hatte. Ich rief die Schwester. Sie kam mit dem Krankenhausleiter.

„Würden Sie bitte draußen warten", baten sie mich. Doch schon nach kurzer Zeit kamen sie wieder zu mir: „Ihr Mann hat es geschafft, er ist friedlich eingeschlafen." Es fiel der Schwester sichtlich schwer, mir diese traurige Nachricht mitzuteilen. Ich war wie gelähmt. Wie viele Jahre hatten wir gemeinsam verbracht? Jetzt war er für immer von mir gegangen.

Die Schwester lud mich zu einem Gespräch in ihr Zimmer ein. Sie traf die richtigen Worte, und ich fühlte mich danach besser.

„Frau Willms, machen Sie sich nicht zu viele Sorgen", sprach sie beruhigend zu mir. „Wir kümmern uns jetzt um die nächsten Schritte."

Die Beerdigung fand noch am selben Tag statt. Nun war ich ganz alleine in dem großen Haus. Meine Söhne Hans und Willi, die mit ihren Familien nur einige Hundert Meter von mir entfernt wohnten, halfen mir, wo immer sie konnten. Auch meine Nachbarin, Frau Bergen, war in dieser Zeit eine große Stütze für mich. Sie ist eine sehr liebenswerte, nette Person. Täglich trafen wir uns. Oft begleitete sie mich zum Friedhof, der neben der Kirche liegt.

Mir war klar, dass ich hier nicht länger alleine bleiben wollte – und konnte. Ich hätte zwar Haus und Hof verkaufen und ins Altenheim gehen können, doch dafür fühlte ich mich noch zu jung und zu fit. Auch mit dem Gedanken, ein kleines Haus für mich bauen zu lassen, konnte ich mich nicht so recht anfreunden. Mein Wunsch war es ja, wenn eben möglich, den Lebensabend in Deutschland zu verbringen. Meine Söhne Hans und Willi ließen mir bei der Entscheidung freie Wahl.

Eines Tages kam Uwe Neufeld, der Schwiegersohn meines Sohnes Heinrich, zu mir und meinte: „Liebe Mutter, falls du immer noch den Wunsch hast, nach Deutschland zu ziehen, will ich dir dabei gerne behilflich sein." Sein Wort hatte auch deswegen Gewicht bei mir, weil er Prediger in unserer Gemeinde war.

Ich erbat mir einige Tage Bedenkzeit. Im ersten Moment war ich hin und her gerissen.

Nach Deutschland zu ziehen, war schon mein Ziel, aber wie hoch war der Preis dafür?

Wie gerne hätte ich noch ein paar schöne Jahre mit meinem Mann in Deutschland verbracht. Nun war er verstorben. Würde ich die Zeit in Deutschland auch ohne ihn genießen können?

Doch alleine in unserem großen Haus zu wohnen, konnte ich mir auch nicht vorstellen.

Nach einigen Gesprächen mit Willi und Uwe stand meine Entscheidung fest. Ich wollte Paraguay für immer verlassen.

Die folgende Nacht war die reinste Tortur. Mal überkam mich ein unwahrscheinlich großes Glücksgefühl. Dann wiederum bin ich von quälenden Schuldfragen aufgewacht: „Ist es wirklich richtig, alles zu verkaufen, um in Deutschland ein glückliches Leben zu führen?"

Ich hatte 55 Jahre hier gelebt, es war nicht einfach, alles abzubrechen und ein neues Leben zu beginnen. Doch dann besann ich mich der Worte, die mein Mann mir immer wieder gesagt hat: „Wenn ich mal vor dir sterben sollte, erfülle du dir deinen Traum. Wenn der Traum heißt, nach Deutschland zu zu ziehen und dort zu leben, verwirkliche ihn!" Weitere Gespräche mit den Kindern brachten dann Gewissheit, dass es richtig war, Paraguay zu verlassen. Danach überwog nur noch die Freude bei mir. Jetzt hieß es: Adios Paraguay – Deutschland, ich komme!"

Ein neuer Lebensabschnitt beginnt

Die Würfel waren gefallen. Ich würde Paraguay verlassen. Haus und Hof mussten verkauft werden mit allem, was dazugehört. Es war keine leichte Aufgabe. In der Kolonie gab es eine Kommission, die sich um die Abwicklung kümmerte. Dann war es so weit. Auch der Flug war schon gebucht.

Meiner lieben Nachbarin, Frau Bergen, fiel es schwer, sich mit dem Gedanken anzufreunden, dass ich bald nicht mehr nebenan wohnen würde. Zu schön waren die Stunden gewesen, die wir gemeinsam verbracht hatten. Wir gaben uns zum Abschied die Hand. Wir hatten beide Tränen in den Augen. „Alles Gute und Gottes Segen, liebe Maria." „Das wünsche ich dir auch", antwortete ich mit leiser Stimme.

Mein Sohn Willi begleitete mich nach Asuncion zum Flughafen. „Ich bleibe noch in der Flughalle, bis alles erledigt ist und du ganz in Ruhe

das Flugzeug besteigen kannst", meinte Willi.
Mein Herz fing an, schneller zu schlagen, und
eine beängstigende Unruhe überfiel mich. Dann
wurden die Passagiere aufgerufen und mussten
in den Raum, der über einen schmalen Steg
direkt zum Flugzeug führte.

„Alles Gute für dich, Mama, und schöne Grüße
an meine Geschwister in Deutschland", sagte
Willi zum Abschied.

„Ich wünsche dir auch alles, alles Gute und
vielen Dank, dass du mich bis hierher begleitet
hast. Viele Grüße auch an deine Familie."

Mehr brachte ich nicht raus. Gut, dass ich jetzt
gehen musste, denn der Abschied fiel mir doch
sehr schwer.

Der Flug war ruhig und angenehm. Aber
gefühlsmäßig ging es doch eher auf und ab.
Tausend Sachen gingen mir in diesen Stunden
durch den Kopf. Ich fühlte mich wie in einem
Film. Die Kinderzeit in Russland, dann die

Flucht, die Zeit in Deutschland und die neue Heimat Paraguay, wo wir über 50 Jahre gelebt hatten. Alles lief noch einmal im Geiste vor mir ab.

Mein Flug endete in Frankfurt am Main. Ich war wieder in Deutschland! Diesmal sollte es für immer sein. Es war Frühjahr. Die Sonne schien angenehm vom Himmel. Ich fühlte mich warm begrüßt von Deutschland.

Meine Söhne holten mich vom Flughafen ab. Sie wohnen fast alle in Asemissen in der Nähe von Bielefeld, wo schon so manch ein „Paraguayer" eine neue Heimat gefunden hat.

Noch am selben Abend gab es ein Zusammentreffen mit allen Kindern, die in der Nähe wohnten. Ich konnte mein Glück nicht fassen, sie wieder zu sehen. Weil ich noch keine Wohnung hatte, wurde auch besprochen, wie es weitergehen sollte. Für die erste Zeit konnte ich ja in Asemissen bleiben. Ich genoss diese Zeit bei den Kindern, obwohl meine Gedanken immer wieder nach Paraguay und zu meinem verstorbenen Mann wanderten.

Meine Tochter Marie Luise wohnt mit ihrer Familie in Middelsfähr, das liegt in der Nähe von Wilhelmshaven. Sie bot mir an, zunächst bei ihr zu bleiben. In aller Ruhe wollten wir dann von da aus eine kleine, schicke Wohnung für mich suchen. Sie sollte nicht zu weit von ihrem Haus entfernt sein.

Es dauerte auch nicht lange, bis wir etwas Passendes gefunden hatten. In Schortens, dem Nachbarort von Middelsfähr, fand ich schnell eine kleine passende Wohnung, die ich nach einer Besichtigung sofort anmietete. Sie musste nur noch renoviert werden. Bis sie fertig war, wohnte ich bei Marie Luise. Ihr Mann, Jürgen, ist ein sehr liebenswerter, ruhiger Mensch. Ich habe die Zeit bei ihnen genossen. Auch ihre Kinder schloss ich sofort ins Herz.

Die Renovierungsarbeiten in meiner zukünftigen Wohnung gingen nur langsam voran.

Dann, Ende September 2002, war es so weit. Ich konnte einziehen. Ich war ganz schön aufgeregt, sollte ich doch zum ersten Mal für mich alleine sein. Es war immer mein Wunsch gewesen, in einer kleinen überschaubaren Wohnung zu leben. Schade, dass mein Mann nicht mehr dabei sein konnte!

Die Möbel hatten wir schnell zusammen. Einen Teil bekam ich von den netten Nachbarn und Bekannten geschenkt. Den Rest konnten wir günstig kaufen.

In der ersten Nacht schlief ich sehr gut. Morgens gegen acht Uhr wurde ich durch ein lautes Schellen geweckt. Zunächst wusste ich gar nicht, wo ich mich befand. Doch dann stand ich auf, öffnete die Tür und meine Tochter Marie Luise begrüßte mich mit einem typisch norddeutschen „Moin-Moin!" Und schon war sie wieder verschwunden, um beim Bäcker an der Ecke frische Brötchen und Kuchen zu kaufen.

Ich eilte derweil schnell ins Badezimmer, um mich etwas frisch zu machen. Eine „Katzenwäsche" musste heute morgen einfach mal genügen. Zu aufgeregt war ich, nach so langer Zeit mit meiner „kleinen" Tochter frühstücken zu können!

Schnell kochte ich einen Kaffee. Marie Luise – wir nannten sie Liesel – brachte die leckersten Brötchen. War das eine Begrüßung! Ich werde sie nie vergessen.

Mein erstes Frühstück in meinem neuen Heim! Aber das sollte nicht das Letzte gewesen sein! Marie Luise erleichterte mir mit ihren spontanen Besuchen das Einleben. Und auch ihre Kinder trugen dazu bei, dass ich mich bald nicht mehr einsam fühlte. Und da ich immer noch gern für andere kochte, lud ich die ganze Familie öfter zum Mittagessen ein. Es war für mich immer eine schöne Sache, wenn Marie Luise mit ihrem Mann und den Kindern zum Essen kam. Endlich durfte ich wieder für mehr Personen kochen. Ich tat es von Herzen gern. Wir waren in Paraguay über viele Jahre 13 Personen gewesen, die am Mittagstisch saßen. Nur für mich selbst kochen, daran musste ich mich erst mal gewöhnen.

In der Woche kam oft der jüngste Enkel Johannes mittags nach der Schule vorbei, um bei mir zu essen. „Danke, Omi es war sehr lecker", sagte er nach dem Essen und ging nach Hause, um seine Hausaufgaben zu machen.

Am Nachmittag ging ich stets zu der Schwiegermutter meiner Tochter Raina, um bei ihr den obligatorischen Tee zu trinken. Sie war eine sehr gastfreundliche, liebe Person. Mit ihrer Tochter Engela saßen wir oft in ihrer gemütlichen Küche und unterhielten uns über Gott und die Welt. In den kalten Monaten wurde dann der Holzofen angefeuert. Es war immer richtig gemütlich mit ihnen in der kleinen Küche. Froh war ich auch über meine Nachbarin im Haus. Wir verstanden uns sehr gut und gingen jeden Abend zusammen spazieren. Nach dem Abendbrot schaute ich mir meistens noch ein Fernsehprogramm an und ging gegen 22:00 Uhr ins Bett. So langsam gewöhnte ich mich daran, allein zu leben. Ich fühlte mich von der Familie meiner Tochter angenommen und umsorgt. Gern denke ich auch an die vielen Ausflüge, die sie mit mir machten. Die kleinen Orte mit ihren hübsch angelegten Gärten, die es in der Umgebung zur Genüge gibt, sind wirklich sehenswert. Auch die Spaziergänge am Nordseestrand genoss ich sehr. Die Kinder aus Asemissen und Bielefeld kamen, so oft sie es möglich machen konnten, zu Besuch. Die Entfernung von 240 Kilometern war mit dem Auto in drei Stunden locker zu bewältigen. Oft blieben sie dann auch über Nacht oder für einige Tage bei mir. Jetzt zeigte sich die schöne und angenehme Seite der Medaille. Wenn man viele Kinder hat, bekommt man nicht nur öfter Besuch, sondern erlebt auch viel Abwechslung, weil die Kinder ja alle verschieden sind. Mein Unterhaltungsprogramm hat sozusagen elf unterschiedliche „Sender"!

Die Gemeinde, der ich mich anschloss, lag 15 Kilometer von meinem Wohnort entfernt. Meine Kinder nahmen mich jeden Sonntag mit zum Gottesdienst. Mein Schwiegersohn Jürgen hat mich nie vergessen, dafür bin ich ihm sehr dankbar.

Wann immer ich Zeit hatte, strickte ich. Zu meinen Lieblingsprodukten zählten Mützen, Strümpfe und Schals. Ich war richtig froh über jede Vorbestellung, denn vom Stricken kann ich nicht genug kriegen. Für mich ein schöner und sinnvoller Zeitvertreib. Oft lass ich nebenher eine Musikkassette laufen, oder schalte den Fernseher ein. Manchmal schwelge ich auch einfach nur in Erinnerungen an frühere Zeiten. Weihnachten ist immer ein besonderes Fest für mich und meine Familie gewesen. Auch jetzt treffen sich unsere Familie und die Verwandtschaft meistens am zweiten Weihnachtstag zur gemeinsamen Feier.

Bei so einer Weihnachtsfeier wuchs in mir das Verlangen, nach Asemissen zu ziehen, wo die meisten meiner Kinder wohnen. Anfangs war ich hin und her gerissen. Der Norden hatte mir auch sehr gut gefallen. Die ruhige Art der Leute in Norddeutschland hatte ein wenig was mit Paraguay gemein und brachte mir ein bisschen von dem wieder, was ich in all den Jahren in Paraguay erlebt hatte.

Ich sprach mit Marie Luise darüber. Sie war zunächst etwas erstaunt über mein Vorhaben. Danach unterhielten wir uns täglich über das

Thema. „Mama, wenn es dein Wunsch ist, nach Asemissen zu ziehen, kann ich das einerseits gut verstehen. Die meisten deiner vielen Kinder und Enkelkinder wohnen nun einmal dort."

Ich merkte aber, wie schwer es ihr fiel, diese Worte auszusprechen. Allerdings wusste auch meine Tochter, dass die Entfernung bis nach Asemissen nicht so groß ist und wir uns auch in Zukunft gelegentlich sehen würden.

Nun lebte ich mittlerweile schon vier Jahre in Deutschland. Davon hatte ich dreieinhalb Jahre in Schortens gewohnt. Die ersten Monate nach meiner Ankunft in Deutschland hatte ich ja in Bielefeld und Umgebung bei den Kindern verbracht und nun zog es mich einfach wieder dorthin.

Im Frühjahr 2006 nahmen wir Kontakt mit den Kindern in Asemissen auf und erzählten von meinem Wunsch.

Würden Sie mich verstehen?

Mein letzter Umzug

Die „Asemisser" waren einverstanden. Sofort fingen sie an, nach einer passenden Wohnung zu suchen. Die sollte möglichst in ihrer Nähe sein. Voller Zuversicht begann ich schon mal meine Sachen zu packen.

In Asemissen gibt es ein Seniorenwohnhaus in einer ruhigen Straße, direkt am Wald gelegen. Es war mein Traum dort zu wohnen. Und das nicht nur wegen der schönen ruhigen Lage, sondern auch, weil da schon ein paar Bekannte wohnten, die ich schon einige Male besucht hatte.

Und tatsächlich, nach kurzer Zeit erhielten wir die Nachricht, dass in dem Seniorenwohnhaus kurzfristig eine Wohnung frei wurde, weil ein Ehepaar ins Pflegeheim umziehen musste.

Die Wohnung ist von der Größe her eigentlich für zwei Personen geeignet. Da damals jedoch so schnell keine passenden Mieter gefunden wurden, erhielt ich als Einzelperson den Zu-schlag.

Mein Mietvertrag in Schortens musste also gekündigt werden. Auch die Sachen, die ich nicht mit nach Asemissen nehmen wollte, mussten irgendwo bleiben. Wir fanden aber schnell eine Nachmieterin, die froh war, in eine möblierte Wohnung ziehen zu können. Sie übernahm auch meine Küche. Die war noch ziemlich neu, ich hatte sie ja erst vor meinem Einzug gekauft. Über den Gesamtpreis wurden wir uns schnell einig, und ich war froh, dass ich meine Wohnung auf diese Art prima auflösen konnte.

Am 26.05.2006 ging es los. Meine Söhne kamen mit einem Lieferwagen und einigen Autos, um mich und mein restliches Hab und Gut abzuholen. Die Möbel, die ich mitnehmen wollte, waren schnell in dem Wagen verladen. Der Abschied aus Schortens fiel mir schwerer als erwartet. Ich hatte mich hier richtig gut eingelebt und viele nette Freunde und Bekannte gefunden. Auch all das, was meine Tochter und ihr Mann Jürgen für mich getan hatten, war unbezahlbar.

Ich tröstete mich mit dem Gedanken, dass die Entfernung zwischen Schortens und Asemissen ja nicht so groß ist. So konnte ich den Abschied trotz allem gut verkraften, denn es gibt ja ein Wiedersehen.

Die Wohnung in Asemissen war nach dem Auszug der letzten Mieter zum größten Teil schon renoviert worden. Die Kinder hatten neue Tapeten geklebt und neue Teppiche verlegt. Da das Badezimmer noch nicht ganz fertiggestellt war, zog ich zunächst in die nebenan liegende „Studentenwohnung". Diese Wohnung war für mich sozusagen eine Übergangslösung.

Hier gab es allerdings keinen Telefonanschluss. So erhielt ich in meinem recht hohen Alter mein erstes Handy. Natürlich war es zunächst nicht einfach für mich, mit einem Handy umzugehen, aber Übung macht den Meister! Hurra, es funktionierte, ich war erreichbar und im Notfall konnte ich telefonieren!

Nachdem auch das Badezimmer renoviert war, konnte ich mein neues Domizil beziehen. Eine richtig schöne, geräumige Wohnung erwartete mich. Ich wusste sofort, dass ich mich hier wohl fühlen würde. Die Sachen wurden eingeräumt, und ich kochte meinen ersten Kaffee. Alles war so frisch und neu.

Abends rief ich bei meiner Tochter in Middelsfähr an. Noch bevor ich etwas sagen konnte, überhäufte sie mich mit Fragen zu meiner neuen Wohnung. Sie versprach, mich so schnell wie möglich zu besuchen.

Ich hatte erstaunlicherweise eine ruhige Nacht und schlief tief. Am nächsten Morgen, ich war gerade am Kaffee kochen, klingelte es an

meiner Haustür und eine nette Dame stand vor
der Tür. Sie erzählte mir, dass sie mit ihrem
Mann eine Etage über mir wohnt und sie mich
gerne am Abend mit ihrem Mann einmal
besuchen würde. Das entsprach ganz meinem
Wunsch, denn auch ich war sehr neugierig
darauf, meine neuen Nachbarn besser kennen
zu lernen.

Den ganzen Tag war ich damit beschäftigt,
meine Sachen in die Schränke einzuräumen.

Gegen 18:00 Uhr war es dann so weit. Tina
kam mit ihrem Mann. Ich merkte schon bald,
dass er nicht sehen konnte. Trotz dieser
Behinderung machte er einen sehr zufriedenen
Eindruck. Wir waren uns sofort sympathisch
und boten uns ohne Umschweife das „Du" an.
Nach einer Stunde zeigten sie mir auch ihre
Wohnung, wo das Kennenlernen zu meiner
Freude fortgeführt wurde. Als ich nach einer
weiteren Stunde wieder in meine Wohnung

kam, hätte ich weinen können vor Glück. Ich hatte ein gutes Gefühl. So eine tolle Wohnung, dazu die netten Nachbarn. Es war alles unvorstellbar schön für mich. Kaum zu glauben, dass ich alles so wunderbar angetroffen habe!

In meinem neuen Domizil wohnten noch weitere Bekannte. Nach ein paar Tagen hatte ich sie mittlerweile alle gesehen. Und sonntags gingen wir zusammen in den Gottesdienst. Die Kirche liegt nur etwa fünf Minuten Fußweg von un-serem Haus entfernt. Besser konnte ich es nicht antreffen!

Meine anfänglichen Bedenken, ob es richtig war, umzuziehen, wurden schnell zerstreut. Ich spürte, hier werde ich mich wohl fühlen!

Ich denke heute sehr oft an meine Kinder und daran, wie schön ist es, dass sie alle glücklich verheiratet sind und eigene Kinder und einige schon Enkelkinder haben! Zu meiner Familie gehören mittlerweile 37 Enkel und Urenkel.

Meine große Familie auf einem Bild

War es eine glückliche Fügung Gottes, dass alle meine Kinder bei ihrer Suche nach der Partnerin/dem Partner die richtige Wahl getroffen haben?

Ich habe eine internationale Familie. Gerd, meine Ältester, wohnt mit seiner Familie in der Schweiz. Seine Ehefrau Therese ist in der Schweiz geboren und hat Gerd sicherlich von den Vorzügen des schönen Landes überzeugen können. Willi lebte mit seiner Ehefrau Adelheid einige Jahre in Deutschland. Doch die Liebe zum Heimatland Paraguay war größer als die Vorteile in Deutschland. So sparten sie sich in den Jahren, in denen sie hier arbeiteten, einiges an Geld zusammen. Damit fiel ihnen der Neubeginn in Paraguay leichter, konnten sie doch von dem Ersparten die nötigsten Maschinen, die sie zum Bewirtschaften des Ackerlandes brauchten, kaufen. Sie leben seit Mitte der 90er Jahre wieder in der Kolonie Volendam. Der Rest der Familie wohnt in Deutschland.

Soweit ich es beurteilen kann, sind alle glücklich und zufrieden.

Oft wünschte ich mir, mein Mann wäre noch bei mir und wir könnten diese schöne Zeit gemeinsam mit unseren Kindern und Enkelkindern genießen. Denn es gibt doch im Alter nichts Schöneres, als von der eigenen Familie umsorgt, besucht und verwöhnt zu werden.

Ausklang

In meiner Wohnung in dem Haus am Walde in Asemissen lebe ich glücklich und zufrieden. Oft, wenn ich alleine bin, beschäftige ich mich mit Handarbeiten und stricke Schals, Handschuhe, Mützen und andere Sachen. Ich habe ein ausgefülltes Leben. Die Kontakte zu den Nachbarn sind sehr wichtig für mich. Jeden Morgen trinke ich mit dem bei Ehepaar Wittenberg Mate-Tee und abends bin ich bei Tina und Harry zu Gast. Ich genieße jeden Tag! Schön ist auch, dass die Kirche in unmittelbarer Nachbarschaft steht. Ich kann immer noch alleine und ohne Probleme zum Gottesdienst gehen.

Ich schätze die regelmäßigen Treffen unserer Hausgemeinschaft. In unserem Gemeinschaftsraum sitzen wir nachmittags häufig zusammen und erfreuen uns an Karten- oder Brettspielen. Am Abend schauen wir uns oft gemeinsam einen Videofilm an.

Ganz besonders freue ich mich natürlich, wenn mich meine Kinder mit ihren Familien besuchen. Oft wünsche ich mir, sie würden häufiger kommen. Ich kann und möchte mich aber nicht beschweren, sind sie doch noch alle berufstätig und haben ihr eigenes Leben zu bestreiten und vielerlei sonstige Verpflichtungen wahrzunehmen.

Zum Schluss danke ich meinem Sohn Bernhard, der sich die Zeit genommen hat, um meine Geschichte aufzuschreiben.

Es war an einem Donnerstag, als ich zu ihm sagte: „Ich habe so viel erlebt, darüber könnte ich doch glatt ein Buch schreiben." Seine Antwort kam spontan: „Mama, dann machen wir es halt!"

So ist dieses Buch entstanden. Ich habe die Donnerstage genossen, an denen wir zu-sammensaßen und über mein Leben ge-sprochen haben. In diesen Gesprächen habe

ich vieles aufgearbeitet. Manches, was mir nicht
mehr so präsent war, wurde wieder lebendig.
Auch ist mir klar geworden, wie abwechslungs-
reich und spannend mein Leben verlaufen ist.
Das allerletzte Wort gilt meinem verstorbenen
Mann Eugen: Ich danke ihm von Herzen dafür,
dass er sich stets mit aller Kraft für das Wohl
der Familie eingesetzt hat.

Auf der Terrasse mit Blick auf unseren Gemüsegarten

Danke!

Und bin ich heut auch alt und grau,
mal unruhig, mal vergesslich,
nicht mehr wie früher, ganz so schlau,
das Glück in mir ist unermesslich.

Lieber Gott, ich danke dir
für die schöne Altenzeit,
fühle mich ganz glücklich hier,
ist dein Reich auch nicht mehr weit.

Buchempfehlungen zum Leben in Paraguay

Gerd Willms
Chico – Abenteuer mit einem Papagei

Karl hat sich schon immer gewünscht,
einen grünen Papagei aufzuziehen.
Als es endlich soweit ist, vergeht ihm fast
die Freude, und er fragt sich, ob es ihm je
gelingen wird. Immer neue Gefahren
bedrohen das Leben des lieb gewonnenen
Vogels. Und der Papagei, der frei herum-
fliegen darf und auch bald Worte nach-
spricht, bringt Karl mal in peinliche, mal in gefährliche
Situationen.
Die Erzählung beruht auf wahren Erlebnissen und gibt
einen Einblick in die abenteuerlichen Kindheitserlebnisse
eines 12-jährigen Jungen im Papageienland Paraguay.

Gerd Willms
Geschichten aus einer anderen Welt

Gerd Willms erzählt dreizehn spannende
Geschichten aus einer anderen Zeit und
einer anderen Welt. Er schildert exotische
Erlebnisse aus seiner Kindheit im Osten
Paraguays.
Mit „Geschichten aus einer anderen Welt"
begeben sich die Leser auf eine Zeitreise,
die zum Nachdenken anregt (Marlies Klassen).

Ein herzliches Dankeschön geht an meinen
Sportkameraden Hartwig Villing, der mich bei
der Herstellung dieses Buches so hilfreich
unterstützt hat.

Ein Dankeschön auch an den Fotografen
Christian Pankratz, meinem Neffen, für das
gelungene Titelbild.